人生のリスク管理

松尾 直彦 [著]

一般社団法人 **金融財政事情研究会**

■はじめに

　私は、2013（平成25）年に50歳になった。すでに人生の半分を過ぎたことになる。記憶力・集中力・体力の低下を実感するが、残りの人生はまだ長い。現在は独身であるが、子供はいる。子供の将来を考えることは、日本の将来を考えることでもある。

　私が就職した1986（昭和61）年頃に比べると、現在は、「少子高齢化」と「グローバル化」という2つの大きな潮流のもとで、経済の長期停滞（いわゆるデフレ）もあって、日本の将来の不確実性（リスク）が高まっている。一人ひとりの生活や仕事も安定性が低下して厳しさを増しており、個人の「不安」が増している。若者が老後を不安視して貯蓄に励み、現役世代が雇用を不安視して生活防衛に励み、高齢者が長い老後を不安視して資産の蓄積に励むわけである。

　こうした環境では、個人が「自助」「自衛」策として「人生のリスク管理」を考えることが大切である。私が「人生のリスク管理」を考え始めたのは、2000（平成12）年に網膜剥離で左目の視力を事実上失ってからである。2009（平成21）年には46歳で、終身雇用である国家公務員から、実質的には自営業者である弁護士に転職した。そして、50歳になってから、健康・仕事・住居・年金・医療・介護・相続・贈与など、いろいろなことを考えるようになった。幸い「中年の危機」を乗り越えることができたと思う。

　2014（平成26）年4月から消費税率が5％から8％に引き上げられる。厳しい財政事情から、今後、「税金・社会保険料の一層の負

担増・年金給付削減・年金支給開始年齢70歳」となることを想定して、人生設計をする必要があろう。

　本書は、「人生のリスク管理」にとって知っていることが重要と思われる仕組み（健康・お金・仕事・住まい・介護・育児・財産承継など）について、総合的に取り上げたものである。知識は生きるための「武器」となる。もとより私のような未熟者が「人生のリスク管理」を語ることはおこがましいことであり、内容的にも特に目新しいものはない。少しでも読者の方々がそれぞれの「人生のリスク管理」を考えるにあたって参考になればと思い、個人的な体験を織りまぜつつ、執筆した。

　本書の出版にあたっては、前書の『最新インサイダー取引規制』に続き、一般社団法人金融財政事情研究会出版部の髙野雄樹氏にお世話になった。髙野氏は30代後半の働きざかりで、今回も熱心に出版作業を進めていただいた。この場を借りて御礼申し上げたい。

2014（平成26）年1月

　　　　　　　　　　　　　　　　　　　　　　松尾　直彦

目　次

第1章
人生のリスク管理

1　「リスク」 …………………………………………………………………… 2
  (1)　個人の人生の「リスク」 ……………………………………………… 2
  (2)　「リスク」の類型 ……………………………………………………… 2
2　「リスク管理」 ……………………………………………………………… 4
  (1)　「リスク管理」 ………………………………………………………… 4
  (2)　「リスク管理」の「限界」と「見直し」 …………………………… 5
  (3)　「PDCA サイクル」 …………………………………………………… 5
3　老後の不安 ………………………………………………………………… 6
  (1)　「老後の不安」 ………………………………………………………… 6
  (2)　「長生き」 ……………………………………………………………… 6
  (3)　「人口減少社会」 ……………………………………………………… 7
  (4)　「超高齢化社会」 ……………………………………………………… 8
  (5)　「少子化社会」 ………………………………………………………… 9
  (6)　「高社会保障費用・負担」 …………………………………………… 11
  (7)　社会保障制度改革による負担増 …………………………………… 12
  (8)　「予防」「準備」による「自助努力」の重視 ……………………… 12
4　体験的「人生のリスク管理」　健康編 ………………………………… 14
  (1)　健康失敗編 …………………………………………………………… 14

(2)	健康教訓編	15
(3)	健康維持編	16
5	体験的「リスク管理」 婚活編	18
(1)	「婚活」と自己整理	18
(2)	「婚活」と社会勉強	19
6	障害者の支援策	20
(1)	視覚障害者	20
(2)	障害者の状況	20
(3)	障害者基本法	21
(4)	障害者施策を推進する諸法律	22

第2章

お金のリスク管理

1	老後生活における公的年金の重要性	26
2	国民年金（基礎年金）の概要	27
(1)	国民年金制度の趣旨	27
(2)	国民年金の加入者	28
(3)	国民年金の受給資格期間	28
3	公的年金の概要	29
(1)	公的年金の上乗せ年金	29
(2)	公的年金の給付	30
(3)	被用者に有利な仕組み	30
(4)	公的年金の財源	32
4	公的年金の支給開始年齢	33

- (1) 国民年金（老齢基礎年金）の支給開始年齢 ……………… 33
- (2) 厚生年金の支給開始年齢 ……………………………………… 34

5 公的年金のメリット ……………………………………………… 35
- (1) 現役世代の不安 ………………………………………………… 35
- (2) 国庫負担 ………………………………………………………… 36
- (3) 労使折半の上乗せ年金 ………………………………………… 36
- (4) 社会保険料控除 ………………………………………………… 36
- (5) 障害基礎年金と遺族基礎年金 ………………………………… 37

6 国民年金の空洞化リスク ………………………………………… 37
- (1) 国民年金の未納者 ……………………………………………… 37
- (2) 国民年金の免除者 ……………………………………………… 38

7 公的年金の制度改正リスク ……………………………………… 38
- (1) 給付水準の調整 ………………………………………………… 38
- (2) 社会保障と税の一体改革 ……………………………………… 39
- (3) 今後の制度改正リスク ………………………………………… 40

8 企業年金等 ………………………………………………………… 41
- (1) 企業年金等の類型 ……………………………………………… 41
- (2) 企業年金 ………………………………………………………… 42
- (3) 自営業者等の年金 ……………………………………………… 42
- (4) 個人型確定拠出年金の税制上のメリット …………………… 43

9 体験的「人生のリスク管理」 投資編 ………………………… 44
- (1) 投資失敗経験 …………………………………………………… 44
- (2) 投資についての教訓 …………………………………………… 45
- (3) 貯蓄と投資の将来展望 ………………………………………… 47

(4) NISA ･･ 48
(5) ファンドラップ ･･ 50

第3章
仕事のリスク管理

1 仕事の意味 ･･ 54
2 高齢者の雇用状況 ･･ 54
3 高年齢者の安定雇用確保策の強化 ･･･････････････････････････････････ 55
　(1) 高年齢者雇用安定法の改正の概要 ･･････････････････････････････ 55
　(2) 高年齢者の継続雇用制度の強化の趣旨 ･･････････････････････････ 57
　(3) 高年齢者の継続雇用制度の強化の経過措置 ･･････････････････････ 57
　(4) 「70歳まで働ける企業」の普及・促進 ･････････････････････････ 59
　(5) 継続雇用制度は従業員にとって「バラ色」か ･････････････････････ 60
4 現役世代の雇用 ･･ 62
　(1) 現役世代の雇用「不安」 ･･････････････････････････････････････ 62
　(2) サービス産業化 ･･ 62
　(3) 日本型雇用慣行の変容 ･･ 65
　(4) 「雇用流動化」の議論 ･･ 66
　(5) 雇用流動化と「人材」重視の両立 ･･････････････････････････････ 67
　(6) 正規雇用者の解雇法制 ･･ 68
　(7) 非正規雇用者の問題 ･･ 70
　(8) 有期労働契約の規制と問題 ････････････････････････････････････ 71
　(9) 派遣労働の規制 ･･ 72
5 産休・育児休業制度 ･･ 78

vi

- (1) 働く女性のための制度 ……………………………… 78
- (2) 産休制度 ……………………………………………… 78
- (3) 育児休業制度 ………………………………………… 79
- (4) 子が3歳になるまでの措置 ………………………… 81
- (5) 子が小学校就学までの措置 ………………………… 82

6 介護休業・休暇制度 …………………………………… 84
- (1) 仕事と介護の両立 …………………………………… 84
- (2) 「要介護状態」と「対象家族」 ……………………… 84
- (3) 介護休業制度 ………………………………………… 85
- (4) 介護休暇制度 ………………………………………… 86
- (5) 勤務時間短縮等措置 ………………………………… 86
- (6) 時間外労働の禁止と深夜業の免除 ………………… 86

7 体験的「リスク管理」 転職編 ………………………… 87
- (1) 転　　職 ……………………………………………… 87
- (2) 「官僚バッシング」問題 ……………………………… 88
- (3) 財 務 省 ……………………………………………… 88
- (4) 金 融 庁 ……………………………………………… 89
- (5) 「半沢直樹」と銀行員 ………………………………… 92
- (6) 「若い頃に一生懸命に勉強」 ………………………… 94
- (7) 「30代に一生懸命に仕事」 …………………………… 94
- (8) 「非主流マイナー」の「プロフェッショナル」 ……… 96
- (9) 転職年齢 ……………………………………………… 97
- (10) 弁護士業 ……………………………………………… 97
- (11) 向 上 心 ……………………………………………… 99

⑿　法曹界と法科大学院生 ………………………………………………… 99
8　体験的「リスク管理」　男女共同参画編 ……………………………… 101
⑴　プライベート編 …………………………………………………………… 101
⑵　仕　事　編 ………………………………………………………………… 103
⑶　家族観の変化 ……………………………………………………………… 103

第 4 章
住まいのリスク管理

1　老後の住まい ………………………………………………………………… 106
2　高齢者向け施設・住宅の種類 …………………………………………… 106
⑴　老人福祉法と高齢者住まい法 …………………………………………… 106
⑵　老人福祉法の定める施設 ………………………………………………… 107
⑶　高齢者住まい法の定める「サービス付き高齢者向け住宅」 …… 108
⑷　介護保険法の定める施設 ………………………………………………… 110
⑸　UR 都市機構その他 ……………………………………………………… 111
⑹　ま　と　め ………………………………………………………………… 112
⑺　保険会社による提携事業者の紹介 ……………………………………… 112
3　サービス付き高齢者向け住宅 …………………………………………… 114
⑴　サービス付き高齢者向け住宅の登録基準 …………………………… 114
⑵　高齢者生活支援サービス ………………………………………………… 115
⑶　介護・介護予防サービス ………………………………………………… 116
⑷　高齢者居宅生活支援事業を行う者との連携・協力 ………………… 117
⑸　サービス付き高齢者向け住宅事業の公表制度 ……………………… 118
4　体験的「リスク管理」　マイホーム編 ………………………………… 118

(1)	持家取得か賃貸住宅か	118
(2)	固定金利か変動金利か	119
(3)	高齢者向け住まい	120

第5章 健康のリスク管理

1	リスク管理の仕組み	122
(1)	高齢者医療と介護保険	122
(2)	成年後見制度	122
2	高齢者医療	123
(1)	公的医療保険制度	123
(2)	国民健康保険の問題	123
(3)	高齢者医療保険制度	124
(4)	医療費の自己負担	126
(5)	健康保険料	126
(6)	高額療養費制度	126
3	介護保険制度	127
(1)	介護保険制度の基本的仕組み	127
(2)	介護保険の被保険者	128
(3)	介護保険の保険料	129
(4)	介護保険の給付対象者	130
(5)	介護保険の保険給付の種類	131
(6)	要介護認定・要支援認定プロセス・基準	132
(7)	介護・介護予防サービスの利用	134

(8)	ケアプラン	137
(9)	ケアマネージャー	138
(10)	介護・予防給付の種類と介護サービス事業者	138
(11)	利用者の負担	141
(12)	地域支援事業と地域包括支援センター	142

4 成年後見制度 … 144

(1)	成年後見制度の概要	144
(2)	法定後見の種類	144
(3)	成年後見人・保佐人・補助人の義務	146
(4)	後見制度支援信託	148
(5)	任意後見制度	149

第 6 章
財産・事業の承継のリスク管理

1 相続・贈与と相続税・贈与税 … 152
2 相続の仕組み … 152

(1)	相続の開始	152
(2)	相続人と相続財産	152
(3)	法定相続人	154
(4)	法定相続分	157
(5)	指定相続分	159
(6)	特別受益者の相続分の減額	159
(7)	特別寄与分の相続分の増額	160
(8)	遺　　贈	161

(9)	遺 留 分	162
(10)	遺　　言	166
(11)	相続の承認・放棄	171
(12)	遺産分割	174
(13)	相続人の不在	175

3　相 続 税 … 177
- (1) 相続税の申告期限と申告先 … 177
- (2) 相続税の納税義務者 … 177
- (3) 相続税の申告義務者 … 178
- (4) 相続税の計算方法の概要 … 178
- (5) 2013（平成25）年度相続税制度改正 … 180
- (6) 相続・遺贈により取得したとみなす場合 … 182
- (7) 財産の評価 … 184
- (8) 事業承継税制による相続税の納税猶予措置 … 188

4　贈 与 税 … 193
- (1) 贈与税の申告期限と申告先 … 193
- (2) 贈与税の納税義務者 … 193
- (3) 贈与税の暦年課税 … 194
- (4) 相続時精算課税適用財産 … 196
- (5) 生命保険契約・損害保険契約と定期金給付契約 … 198
- (6) 住宅取得等資金の贈与税の非課税措置 … 199
- (7) 教育資金の一括贈与にかかる贈与税の非課税措置 … 201
- (8) 事業承継税制による贈与税の納税猶予措置 … 203

5　国外財産調書制度 … 206

(1)	国外財産調書制度の概要	206
(2)	「居住者」	207
(3)	「国外財産」	209
6	国際的な租税情報交換の枠組み	210
(1)	概　　要	210
(2)	2国間の租税情報交換の枠組み	210
(3)	多国間の租税情報交換・執行共助の枠組み	211
(4)	タックスヘイブン所在の事業体に関する情報	211
(5)	海外資産関連事案の相続税調査	212
7	富裕層ビジネスと財産・資産のリスク管理	212
(1)	富裕層ビジネスとPBビジネス	212
(2)	富　裕　層	213
(3)	富裕層のセグメント	213
(4)	PBビジネスの本質	214
(5)	PBビジネスのビジネスモデルと課題	215
(6)	PBビジネスとマネー・ローンダリング対策	217
(7)	米国FATCA	218
8	体験的「人生のリスク管理」　相続・贈与編	220
(1)	相続・贈与の考え方	220
(2)	相続・贈与の勉強法	221
(3)	相続税対策	221
(4)	海外投資・海外移住	222

■おわりに ……………………………………………………………… 224

第1章 人生のリスク管理

 # 「リスク」

(1) 個人の人生の「リスク」

「**リスク**」は、「不確実性」や「危険」と呼ばれる。個人の人生には「リスク」がつきものであり、「リスク」と付き合っていくしかない。

個人の人生に影響する「リスク」の類型としては、たとえば、①「**個人レベルのリスク**」、②「**家族レベルのリスク**」、③「**社会レベルのリスク**」、④「**国レベルのリスク**」や⑤「**グローバルレベルのリスク**」などが考えられる。もちろんこれらの区別は、便宜的かつ相対的なものである。

②～⑤のリスクは、②のリスクから⑤のリスクとなるに従って、個人が管理（コントロール）できるものではなくなる。しかし、②～⑤のリスクは、①の「個人レベルのリスク」に影響するものであるから、個人の「人生のリスク管理」にあたっては、ある程度は想定する必要がある。たとえば、③のうちの大地震のリスクや④のうちの公的年金制度の機能不全のリスクなどである。

(2) 「リスク」の類型

❶ 「個人レベルのリスク」

「個人レベルのリスク」とは、個人が日々の「暮らし」（衣食住）を安全かつ安心に続けていくにあたって生ずるリスクである。健

康、お金、仕事や住居などに関するものである。

　たとえば、健康については、病気、事故、犯罪被害や高齢化などにより、健康が損なわれるリスクである。お金については、暮らしに必要なお金が十分でなくなるリスクであり、他のすべてのリスクに関係する。仕事については、就職できない、賃金・収入減少、いわゆるリストラや失業などのリスクである。住居については、お金や仕事に関係するが、特に高齢期の住み家をどうするかにかかわるリスクである。

❷ 「家族レベルのリスク」

　「家族レベルのリスク」とは、結婚できない、結婚生活が上手くいかない、子供ができない、子育てが大変、離婚や家族の介護などのリスクである。

❸ 「社会レベルのリスク」

　「社会レベルのリスク」とは、災害（台風・豪雪・地震・津波・噴火など）、大規模事故（原発事故や大規模停電など）、食品汚染、感染症流行、治安悪化やテロなどのリスクである。

❹ 「国レベルのリスク」

　「国レベルのリスク」とは、国の社会保障制度（年金・医療・介護・福祉）の機能不全、金融システムの機能不全（金融市場の混乱や金融機関の大規模破綻）、財政破綻、食料・エネルギー確保の悪化や安全保障の悪化などのリスクである。

❺ 「グローバルレベルのリスク」

　「グローバルレベルのリスク」とは、戦争、テロ、金融市場の混乱、食料・エネルギーの逼迫、感染症流行や地球温暖化などのリス

クである。

2 「リスク管理」

(1) 「リスク管理」

「リスク管理」とは、①リスクを「**識別**」し、②識別されたリスクを分類・分析して「**評価**」し、③評価されたリスクに適切に「**対応**」する活動である。

第1に、リスクを「識別」すること、すなわち、リスクに「**気づく**」ことが必要である。リスクに「気づく」ためには、各種リスクに関する「情報感度」を磨くことが重要である。

第2に、「識別」したリスクを評価して「**想定**」し、「**想定外**」のリスクを減らすことである。リスクの評価にあたっては、リスクが生じる可能性とリスクが現実化した場合の影響の程度を分析し、リスクの重大性を評価する。

リスクが生じる可能性が低くても、リスクが現実化したときの影響が大きい場合には、重大なリスクとして、優先的に対応する必要がある。東日本大震災（2011（平成23）年3月11日）を契機とした福島第一原子力発電所の事故を「想定外」とするのは、リスク管理の失敗を自認することにほかならない。原子力発電所事故のようにリスクが現実化したときの影響が甚大な場合には、優先的に対応する必要があるからである。

第3に、リスクへの対応は、評価されたリスクについて、事前に備えることである。「**備えあれば憂いなし**」である。リスク管理論では、リスクの「回避」「低減」「移転」または「受容」などの適切な対応を選択することをいうが、個人レベルでは、これらのうち「**リスクの低減**」（リスクの発生可能性や影響を低くすること）が中心となろう。

⑵ 「リスク管理」の「限界」と「見直し」

　個人を取り巻く外部環境（家族レベル・社会レベル・国レベル・グローバルレベルの各リスクの状況や個人の置かれる状況）は、常に変化している。事前のリスク管理には、どうしても「**限界**」がある。

　そこで「リスク管理」、すなわち、想定される「リスク」の内容とリスクの「管理」の対応方法については、状況変化に応じて、随時、柔軟に「**見直し**」をする必要がある。

⑶ 「PDCA サイクル」

　リスク管理の柔軟な見直しのために、「PDCA サイクル」を有効に機能させることが重要である。

　PDCA サイクルとは、①「**方針（Plan）**」、②「**実行（Do）**」、③「**評価（Check）**」と、④「**改善（Action）**」である。すなわち、人生のリスク管理の方針を決め、その方針を実行に移し、その実行状況の評価を行い、必要に応じて人生のリスク管理の方針を改善するというサイクルを随時繰り返すことである。

　個人の人生は、そもそも思いどおりにはいかない。リスクがつき

ものであり、リスク管理が上手くいかず失敗することも多い。大事なことは、「**大きな失敗**」をしないこと、そのためにも PDCA サイクルを柔軟に回して、失敗した（Do）場合には反省して（Check）教訓を得て（Action）「**小さな失敗**」を繰り返さないこと（Plan）である。

3 老後の不安

(1) 「老後の不安」

現在は、「少子高齢化」と「グローバル化」という2つの大きな潮流のもとで、個人の「不安」が増大している。個人の最大の「不安」は、老後の不安であろう。

老後の不安には、健康の不安、お金の不安や仕事の不安などがあるが、最大のものは年金などのお金の不安であろう。

以下に示す、「長生き」「人口減少社会」「超高齢化社会」「少子化社会」「高社会保障費用・負担」からすると、老後の不安は一層増すことになり、「人生のリスク管理」の必要性が高まることになる。

(2) 「長生き」

厚生労働省「平成24年簡易生命表」によると、日本の平均寿命は、男性で79.94歳、女性で86.41歳に達している。2012（平成24）年における平均余命を年齢別にみると、表1－1のとおりである。

表1-1 日本の平均余命（2012年）

年齢（歳）	男（年）	女（年）
20	60.36	66.78
30	50.69	56.94
40	41.05	47.17
50	31.70	37.59
60	22.93	28.33
70	15.11	19.45
80	8.48	11.43

男性は過去最長で世界5位（1位はアイスランドの80.8歳）、女性は世界1位（2位は香港の86.3歳）である。

長生きであるから、老後の不安が出てきているわけである。

(3)「人口減少社会」

❶ 日本の現在人口

総務省「住民基本台帳に基づく人口、人口動態及び世帯数（平成25年3月31日現在）」（2013（平成25）年8月28日）によると、日本人の人口は1億2,639万人で4年連続の減少となった。

生産年齢人口は初めて8,000万人を割り込み、全体の62.5％となり（年少人口割合は13.1％、老年人口割合は24.4％）、また、45歳以上の人口で全体の過半数（50.8％）を占めている。

❷ 日本の将来人口減少

国立社会保障・人口問題研究所「日本の将来推計人口（平成24年1月推計）」（2012（平成24）年1月30日）によると、日本の人口は、2010（平成22）年の1億2,806万人から、2030年に1億1,662万人と

表1−2　日本の将来人口推計

	2010年	2033年	2055年	2060年
総人口	1億2,806万人	1億1,662万人	9,193万人	8,674万人
年少人口割合（0〜14歳）	13.1%	10.3%	9.4%	9.1%
生産年齢人口割合（15〜64歳）	63.8%	58.1%	51.2%	50.9%
老年人口割合（65歳以上）	23.0%	31.6%	39.4%	39.9%

なり、2048年には1億人を割って9,913万人となり、2060年には8,674万人になると推計されている（表1−2）。

❸　東京都の将来人口減少

　東京都の人口も、東京オリンピック・パラリンピック大会が開催される2020年の1,336万人をピークに減少に転じ、2060年には、2010（平成22）年に比べ約2割減少し、1,036万人となると推計されている（2013（平成25）年11月1日東京都資料）。

　2060年には、2010年に比べ、年少人口は約50%、生産年齢人口は約40%減少する。

(4)　「超高齢化社会」

❶　老齢人口割合の急増

　2025年には、「団塊の世代」がすべて75歳以上となり、高齢者のなかでより高齢の者が増える「超高齢化社会」になっていくと指摘されている。

そして、2060年には65歳以上の老年人口割合は39.9％に達するが、そのうち65〜74歳の割合は約13％であり、75歳以上の割合が約27％となると推計されている。2060年の平均寿命は、男性84.19歳、女性90.93歳と、現在よりさらに伸びる。

　日本の人口構造の変化のうち老齢人口の生産年齢人口に対する割合の推移をみると、2010（平成22）年に1人の高齢者を2.6人の現役世代で支えている「騎馬戦」型の社会構造になっており、少子高齢化が一層進行する2060年には1人の高齢者を1.2人の現役世代で支える「肩車」型の社会構造が到来すると見込まれている。

❷　東京周辺部の介護問題

　特に、東京周辺部（埼玉県、千葉県や神奈川県などの東京のベッドタウン）では、75歳以上人口が100％以上増加し、人口当たりの医師数が少ないために、医療が大変な時代を迎えることになり、東京では、介護施設が少ないため、介護が大変なことになると指摘されている[1]。

(5)　「少子化社会」

❶　出生率の推移

　少子化は今に始まったものではなく、少子化問題は20年以上前から認識されてきた。

---

[1] 高橋泰国際医療福祉大学大学院教授「医療需要ピークや医療福祉資源レベルの地域差を考慮した医療福祉提供体制の再構築」第9回社会保障制度改革国民会議提出資料（2013年4月19日）、同「医療・介護の将来像〜持続可能な制度への改革の方向性〜」西村康稔衆議院議員（私の高校同級生）特別セミナー（2013年10月9日）参照。

合計特殊出生率（1人の女性が仮にその年次の年齢別出生率で一生の間に子供を生むと仮定したときの子供数に相当）では、1990（平成2）年の「1.57ショック」の後、2005（平成17）年に過去最低の1.26となり、2012（平成24）年は1.41となり、微増傾向である。総務省調査によると、2012年度の出生者数は102万9,000人と、5年連続の減少で過去最少を更新した。

上記(3)②の将来人口推計では、出生率仮定（長期の合計特殊出生率）として中位仮定（1.35）、死亡率仮定（長期の平均寿命）として死亡中位仮定（男＝84.19年、女＝90.93年）が置かれている。

出生率仮定として低位仮定（1.12）の場合、2060年には、日本の人口は7,997万人になり、65歳以上の老年人口割合は43.3％に達すると推計されている。

❷ 少子化進行の背景

内閣府「平成25年版少子化社会対策白書」（2013（平成25）年6月）では、少子化が進む背景が分析されている。

第1に、「**未婚化・非婚化**」が進行している。

25～39歳の未婚率は男女とも上昇しており、男性では、25～29歳で71.8％、30～34歳で47.3％、35～39歳で35.6％、女性では、25～29歳で60.3％、30～34歳で34.5％、35～39歳で23.1％となっている（2010（平成22）年国勢調査）。

また、「**生涯未婚率**」（45～49歳と50～54歳未婚率の平均値であり50歳時の未婚率）は、男性で20.1％、女性は10.6％となっている（2010年）。

第2に、「**晩婚化・晩産化**」が進行している。2011（平成23）年

の平均初婚年齢は、夫が30.7歳、妻が29.0歳である。母親の第1子出産年齢は、2011年に30.1歳と、初めて30歳を超えた。

第3に、「**子育て世代**」（20代・30代）の所得分布が低所得層にシフトしていると指摘されている。2007（平成19）年には、20代では年収200万円台前半の雇用者が、30代では年収300万円台の雇用者が、それぞれ最も多くなっている。

第4に、「**非典型雇用者**」（正社員以外の呼称で働いている被雇用者）の有配偶者率は低く、30～34歳の男性においては、正社員の者の半分以下となっている。

第5に、出産1年前に仕事をしていた女性のうち、出産前後に仕事をやめた割合は54.1％となっており、出産に伴う女性の就労継続は依然として厳しいと指摘されている。

(6) 「高社会保障費用・負担」

超高齢化社会に伴って、社会保障費用・負担は増大する。

政府の「社会保障に係る費用の将来推計について」（2012（平成24）年3月）によると、2012年度の社会保障給付費（年金・医療・介護・子供子育て・その他）は109.5兆円（GDP比22.8％）である。2025年度は148.9兆円（GDP比24.4％）に増加する。年金の占める割合が引き続き最も高い（GDP比11.2％⇒9.9％）が、特に医療（GDP比7.3％⇒8.9％）と介護（GDP比1.8％⇒3.2％）の増加率が高い。

社会保障費用の負担も増加する。2012年の社会保障費用の負担は、公費40.6兆円（GDP比8.5％）と保険料60.6兆円（GDP比

12.6％）の合計101.2兆円（GDP比21.1％）である。2025年度（改革前）は、公費60.5兆円（GDP比9.9％）と保険料85.7兆円（GDP比14.0％）の合計146.2兆円（GDP比23.9％）である。

(7) 社会保障制度改革による負担増

政府の**社会保障制度改革国民会議報告書**「確かな社会保障を将来世代に伝えるための道筋」（2013（平成25）年8月6日）を受けて、2013年12月5日に、「持続可能な社会保障制度の確立を図るための改革の推進に関する法律案」（社会保障制度改革プログラム法）が国会で成立した（表1－3）。

給付の増加率の高い医療分野と介護分野の給付抑制策と負担能力に応じた負担増が中心であるが、給付額の最も多い年金分野については、検討課題にとどまっている。

(8) 「予防」「準備」による「自助努力」の重視

政府の高齢社会対策は、「予防」と「準備」という国民の「自助努力」によるリスク管理を重視している。

具体的には、政府の「高齢社会対策大綱」（2012（平成24）年9月7日閣議決定）において、「高齢期における健康面、経済面、社会関係等に係る問題について、そのような問題が生じてから対処することにとどまらず、国民の生涯にわたる施策の体系的な展開を図るものとする。特に、若年期から資産形成、健康づくり、学習、社会参加等に取り組み、高齢期における問題を予防し、老後に備えるという国民の自助努力を支援するものとする」とされている。

表1-3 社会保障制度改革プログラム法の整理

【少子化対策】
- 保育緊急確保事業の実施のための措置

【医療制度改革】
- 病院の機能分化・連携の推進
- 医療法人間の合併・権利制度の見直し
- 国民健康保険の都道府県移管
- 後期高齢者医療制度支援のための被用者保険者(企業健康保険組合・公務員共済組合)の負担増
- 高所得者の保険料引上げ
- 70~74歳の医療費自己負担引上げ[1割⇒2割]
- 高所得者の高額療養費制度の負担上限額引上げ
- 紹介状のない大病院の外来患者の定額負担の導入

【介護保険制度改革】
- 要支援者への介護予防給付の市町村・特別区の事業への移行[移行対象は訪問介護・通所介護]
- 一定以上所得の利用者の自己負担引上げ[1割⇒2割]
- 特別養護老人ホームへの入所制限[新規は原則要介護3以上]
- 低所得高齢者の介護保険料の負担軽減

【公的年金制度改革】
- 検討事項
  ・マクロ経済スライド(調整率)に基づく年金給付額の改定
  ・短時間労働者の厚生年金保険・健康保険の適用範囲の拡大
  ・高所得者の年金給付と公的年金等控除を含む年金課税の見直し

【財源の確保】
- 消費税・地方消費税の税率引上げ[5%⇒10%]による収入増
- 社会保障給付の重点化と制度運営の効率化

　政府の社会保障制度改革は、「受益と負担の均衡がとれた持続可能な社会保障制度」を確立するために、当面の必要な施策(必要条

件）として評価できるが、中長期的には十分な施策（十分条件）であるとはいえず、今後さらに社会保障給付の抑制と負担増のための施策が必要とならざるを得ないであろう。

体験的「人生のリスク管理」健康編

(1) 健康失敗編

　私は、大蔵省国際局で「九州・沖縄サミット」（2000（平成12）年7月）の準備をしていた同年6月に左目が見えにくいことに気づき、眼科医の診断を受けたところ左目網膜剥離の診断を受け、緊急的に手術を受けたものの、現在の左目の視力はメガネで矯正後も0.02にとどまっている。

　外見上はわからないものの、事実上、右目の視力のみで生活をし、仕事をしている。リスク管理の「大きな失敗」である。

　失敗の第1の原因は、左目網膜剥離のリスクの「識別」が遅れたことである。振り返ると、前年の1999（平成11）年秋頃から、左目が見えにくくなっていたと思うが、仕事の多忙さにかまけて眼科医の診察を受けにいかなかった。このため、結果的に、手術した際には手遅れとなっていた。

　失敗の第2の原因は、手術後のリスクの「評価」が甘く、慎重な「対応」をしなかったため、手術後に想定されていた多少の視力の

回復も実現できなかったことである。振り返ると、「九州・沖縄サミット」対応などの重要な仕事を1か月ほど休んでしまったという「後ろめたい」気持ちもあって、仕事に復帰してから、十分な休息をとらずに仕事ばかりしていたことが視力の回復に悪影響を与えたのだと思っている。

　私は、当時、こうして身を犠牲にしてまで大蔵省国際局に貢献し、国際局に留任することを希望していたにもかかわらず、2001（平成13）年7月に金融庁に異動となった。当時の大蔵省（財務省）の対応には相当な「わだかまり」が残った。しかし、今では、そうした感情は筋違いであり、「**自己管理の失敗**」であったと自覚している。金融庁への異動は、結果的に、私の職業人生にとって幸いであった。

(2) 健康教訓編

　私は、こうした健康に関するリスク管理の「大きな失敗」から、いくつかの教訓を得た。現在でも、こうした教訓を胸に「人生のリスク管理」に臨んでいる。

　第1に、過去のことをいくら悔いても、たとえば、「なぜもっと早く眼科医の診察を受けなかったのか」「なぜ手術後に仕事を多少セーブして左目の視力の回復に努めなかったのか」などと考えても、左目が見えないという現実は変わらないことである。このことから、「**過去は変わらない。過去のことをあれこれ考える後向きの姿勢ではなく、過去から教訓を得て、現実を直視し、現在と将来を考える前向きの姿勢をとる**」との教訓を得た。こうした考え方をす

ることで、「残された右目の視力を失うと完全に見えなくなってしまう」との恐怖心が多少とも軽減されたように思う。

　第2に、組織や他人は必ずしもあてにできないことである。「**自分の身は自分で守る**」という「**自己管理**」「**自助**」の考え方が重要である。その意味では、人生は「**孤独**」であり、「**孤独**」に強くなる必要がある。一方、「**人は他者の助けや他者との関係なしには生きていけない**」ことや「**共助**」「**公助**」が必要であることはいうまでもない。「**他者との間合いをバランスよくとる**」ことが重要である。

　第3に、「自己管理」のなかで最も大事なことは「**健康**」を保つことである。

(3)　健康維持編

　残念ながら私の左目の視力は回復していないが、「健康」を保つため、定期的に眼の検診を受けている。現在は、左目の視力は低位安定（0.02）しており、右目の状況は問題ないことを確認している。

　私は、現在、身長171cm、体重59kg、ウエスト72cmである。2000（平成12）年に左目手術のために入院した当時には体重が約70kgあり、血糖値が糖尿病の基準値を超えていた。入院中に体重を減量して以来、体重は低位安定している。「**不幸中の幸い**」である。血糖値が高いのは遺伝的なものもあるようであり、現在でも糖尿病の薬を飲むことによって、血糖値は正常を保っている。

　私は、官庁勤務時代も、定期的な眼の検診、毎年の人間ドックや

週1回のジム通いなどをして、健康に気をつけていたが、特に気をつけるようになったのは、国家公務員から弁護士に転職してからである。すべての職業人生にとって健康維持が大切であるが、「終身雇用」ではない「**自営業**」である弁護士にとって、健康は職業人生の最大の基盤である。

最近参考になったのが、和田秀樹『男も更年期で老化する』（小学館101新書、2011）である[2]。「**食事**」（野菜・食べる順番重視など）、「**運動**」（ストレッチ・筋トレ・ウォーキング・ランニングなど）や「**アンチエイジング**」（男性用化粧品・ヘッドスパなど）など、同書で勧められている対策をできるだけ実践するようにしている。ただし、課題として、夜型生活に伴う不規則睡眠と睡眠不順が残っている。

同書では「更年期男性受難の時代」と指摘されているが、幸い私は「**中年の危機**」を乗り越えることができたと思う。

そして、記憶力の衰えを実感するが、ヒトの脳は50代半ばに最大の出力性能（経験によって培われた知識ベースを使い、素早く的確な出力をする脳の力）を示すと指摘されているから[3]、今後も「**希望**」はあると思っている。

---

[2] 和田秀樹『「黒秋期」の生き方 45歳を過ぎたら「がまん」しないほうがいい』（大和書房、2013）も参照。日本経済新聞に掲載される健康に関する解説記事も有用である。
[3] 黒川伊保子『キレる女 懲りない男——男と女の脳科学』（ちくま新書、2012）参照。

5 体験的「リスク管理」婚活編

(1) 「婚活」と自己整理

　私は、50歳になってから試しにある「**結婚相談所**」に登録して、少し「**婚活**」[4]をしたことがある。登録にあたっては、独身証明、卒業証明や年収証明の書類を求められ、しっかりしていると感心した。自己申告とはいえ、プロフィールに親と兄弟姉妹の学歴と職種が記載することには驚いた。

　「婚活」は現代の「**お見合い**」である。私にとって初のお見合い体験である。伝統的なお見合いほど堅苦しいものではなく、出会いの場の一種として機能している。

　ただ、少し活動してみただけで自分には向いていないと「**婚活疲れ**」をしてしまい、現在は低調である。自分が「なぜ再婚するのか」について十分整理できていないことがわかった。

　「恋愛」や「事実婚」とは異なり、2度目の「法律婚」は、失敗したくないので、心情レベルだけではなく理性レベルで考えることにしている。「リスク管理」の観点から考えられる理由としては、思考が硬直化せず時代変化に柔軟に適応するため助言を受けること[5]や自己の有形・無形資産の保全・継承などがある。

4　山田昌弘＝白河桃子『「婚活」症候群』（ディスカヴァー携書、2013）、「ジレンマ＋」編集部『女子会2.0』（NHK出版、2013）参照。

(2) 「婚活」と社会勉強

　婚活の過程で、「なぜこれまで独身なのだろうか」と思うような魅力的な「**アラフォー**」（around forty）女性が相当数存在していることがわかり、少子化進行の背景を実感し、社会勉強になった。

　確かに独身は気楽であり、結婚にメリットを感じられない面がある[6]。しかし、女性には、出産年齢の問題（タイムリミット）[7]や男性の一般的な「若い女性」志向などがあるようである。また、「多様性」を標榜しながら、有識女性の論者は自らと同様に女性に「働くこと」を奨励し、専業主婦の軽視をもたらしているようにも思われる[8]。

　一方、男性も定職による「経済力」を求められるようである。男女ともに大変である。男女とも「プライド」が高すぎるのかもしれない。「上から目線」の「**昭和男**」では厳しい現実が待っているようであり[9]、平成時代の「**モテ道**」を堅実に歩むには、不断の心身鍛錬が必要である。

5　渡辺淳一『男と女、なぜ別れるのか』（集英社、2013）参照。
6　ジェーン・スー『私たちがプロポーズされないのには、101の理由があってだな』（ポプラ社、2013）参照。
7　河合蘭『卵子老化の真実』（文春新書、2013）や「みんな不妊に悩んでいる　原因の半分は男性です」『週刊東洋経済』2012年7月21日号参照。
8　竹信三恵子『家事労働ハラスメント―生きづらさの根にあるもの』（岩波新書、2013）や白河桃子『格付けしあう女たち―「女子カースト」実態』（ポプラ新書、2013）参照。
9　犬山紙子『高学歴男はなぜモテないのか』（扶桑社新書、2013）参照。

6 障害者の支援策

(1) 視覚障害者

私は、「**身体障害者福祉法**」（昭和24年制定）に定める「**身体障害者**」ではない。

「身体障害者」とは、「別表に掲げる身体上の障害がある18歳以上の者であって、都道府県知事から身体障害者手帳の交付を受けた者」をいう。

「別表一」では、「視覚障害で、永続するもの」があげられている。視力基準2つと視野基準2つがあり、視力基準は「両眼の視力がそれぞれ0.1以下」と「1眼の視力が0.02以下で他眼の視力が0.6以下」である。

私は、運転免許証を持っているくらいであるから、視力基準にあたらないが、視覚障害のある身体障害者になる可能性があることから、障害者の支援策には関心がある。たとえば、身体障害者福祉法では、都道府県知事は、視覚障害のある身体障害者からの申請により、必要に応じ、盲導犬訓練施設において訓練を受けた「**身体障害者補助犬法**」（平成14年制定）に定める盲導犬を貸与できるとされている。

(2) 障害者の状況

内閣府「平成25年版障害者白書」によると、障害者数は、①身体

障害者366万3,000人、②知的障害者54万7,000人、③精神障害者320万1,000人であり、およそ国民の6％がなんらかの障害を有していることになる。

(3) 障害者基本法

国の障害者施策に関する基本的な法律として、「**障害者基本法**」（昭和45年制定）がある。

同法は、障害者を個人として尊重し、「相互に人格と個性を尊重し合いながら共生する社会」を実現するため、障害者の「自立」と「社会参加」の支援等のための施策を総合的かつ計画的に推進することを目的とする。

障害者基本法に基づき、内閣府に置かれた「**障害者政策委員会**」の意見をふまえて、政府は、2013（平成25）年9月に「**障害者基本計画**」（第3次計画　平成25年度〜29年度）を策定している。これに加えて、「都道府県障害者計画」と「市町村障害者計画」の策定義務が定められている。

また、毎年の「**障害者週間**」（12月3〜9日）と国会への年次報告書（**障害者白書**）の提出義務が定められている。

そして、障害者の自立・社会参加の支援等のための基本的施策として、幅広い施策があげられている。具体的には、①医療・介護・リハビリテーション、②年金・手当、③教育・療育、④職業相談・職業指導・職業訓練・職業紹介、⑤雇用促進、⑥住宅確保、⑦公共的施設のバリアフリー化、⑧情報利用におけるバリアフリー化、⑨経済的負担の軽減、⑩文化芸術活動・スポーツ・レクリエーショ

ン、⑪防災・防犯、⑫消費者保護、⑬選挙等における配慮、⑭司法手続における配慮と、⑮国際協力である。

(4) 障害者施策を推進する諸法律

❶ 障害者の枠組み

　障害者施策を推進する諸法律として、第1に、障害者・障害児に関する枠組みを定める以下の諸法律がある。

・「身体障害者福祉法」（昭和24年制定）
・「知的障害者福祉法」（昭和35年制定）
・「精神保健及び精神障害者福祉に関する法律」（昭和25年制定）
・「児童福祉法」（昭和22年制定）
・「発達障害者支援法」（平成16年制定）

　身体障害者福祉法では、**「身体障害者手帳」**制度が定められているほか、「身体障害者生活訓練等事業」「手話通訳事業」「介助犬訓練事業」「聴導犬訓練事業」や「身体障害者社会参加支援施設」（「盲導犬訓練施設」や「視聴覚障害者情報提供施設」など）などの制度が定められている。

❷ 障害者の差別解消

　第2に、障害の差別解消に関する枠組みを定める法律として、「障害を理由とする差別の解消の推進に関する法律」（障害者差別解消法）（平成25年制定。2016年4月施行）がある。

❸ 障害者の生活支援

　第3に、障害者の生活支援に関する枠組みを定める以下の諸法律がある。

・「障害者虐待の防止、障害者の養護者に対する支援等に関する法律」（障害者虐待防止法）（平成23年制定）
・「障害者の日常生活及び社会生活を総合的に支援するための法律」（障害者総合支援法）（平成17年制定）

特に障害者総合支援法は、障害者・障害児の「**障害支援区分**」に応じて「**障害福祉サービス**」（居宅介護・重度訪問介護・同行援護・行動援護・療養介護・生活介護・短期入所・重度障害者等包括支援・施設入所支援・自立訓練・就労移行支援・就労継続支援・共同生活援助）に関する「**介護給付費等**」の支給を定めている。また、「**自立支援医療**」（更生医療・育成医療・精神通院医療）により、障害者・障害児の医療費の自己負担額が軽減される。

❹ 障害者の生活環境

第4に、障害者の生活環境に関する枠組みを定める以下の諸法律がある。
・「高齢者、障害者等の移動等の円滑化の促進に関する法律」（バリアフリー法）（平成18年制定）
・「国等による障害者就労施設等からの物品等の調達の推進等に関する法律」（障害者優先調達推進法）（平成24年制定）

❺ 障害者の雇用・就業

第5に、障害者の雇用・就業に関する枠組みを定める法律として、「障害者の雇用の促進等に関する法律」（障害者雇用促進法）（昭和35年制定）がある。

現行の障害者雇用促進法では、常用雇用者50人以上の事業主に対して、その「**特例子会社**」と「**関係会社**」における雇用を含め、身

体障害者と知的障害者を雇用する「**法定雇用率**」（2％）が定められている。2018年4月から、法定雇用率の算定基礎に精神障害者が追加される。

障害者の雇用に伴う事業主の経済的負担の調整を図るため、法定雇用率未達成の事業主から「**障害者雇用納付金**」を不足1人について月額5万円を徴収する一方、法的雇用率達成の事業主に「**障害者雇用調整金**」を超過1人について月額2万7,000円を支給する制度が設けられている。その適用対象は、現在は常用雇用者200人超の事業主であるが、2015年4月から常用雇用者100人超の事業主に拡大される。

厚生労働省「平成25年障害者雇用状況の集計結果」（2013（平成25）年11月19日）によると、雇用障害者数は初めて40万人を超え、「**実雇用率**」（常用労働者数に占める雇用障害者数（精神障害者を含む）の割合）も1.76％と過去最高となり、法定雇用率達成企業の割合は42.7％となった。

❻　障害者の教育・育成

第6に、障害者の教育・育成に関する枠組みを定める以下の諸法律がある。

・「教育基本法」（平成18年制定）（教育の機会均等）
・「学校教育法」（昭和22年制定）（特別支援教育）

❼　障害者の年金

第7に、年金制度を定める諸法律（国民保険法や厚生年金保険法）は、障害者の年金の枠組み（「**障害基礎年金**」や「**障害厚生年金**」など）を定めている。

第 2 章 お金のリスク管理

1 老後生活における公的年金の重要性

　厚生労働省年金局「平成25年度年金制度のポイント」には、老後生活において公的年金が不可欠な役割を果たしていることが示されている。

　第1に、約6割の高齢者世帯が公的年金収入だけで生活している。具体的には、高齢者世帯の総所得に占める公的年金等（公的年金・恩給）の割合の分布をみると、「すべてが公的年金等」が56.7％、「80〜100％未満」が14.1％、「60〜80％未満」が11.4％となっている。

　第2に、公的年金は高齢者世帯の平均収入の約7割を占めている。具体的には、高齢者世帯の平均所得に占める割合をみると、公的年金等が67.5％（207万4,000円）、稼働所得17.4％、財産所得8.9％、その他の所得5.4％となっている。

　第3に、約7割の人が高齢期の生活設計で公的年金を頼りにしている。具体的には、「公的年金」29.0％、「公的年金＋自助努力」41.7％、「個人年金や貯蓄」5.9％、「私的扶養」2.3％、「その他・分からない」5.3％となっている。

　また、政府の「高齢社会対策大綱」においても、「職業生活からの引退後の所得については、国民の社会的連帯を基盤とする公的年金を中心とし、これに職域や個人の自助努力による企業年金、退職金、個人年金等の個人資産を適切に組み合わせて、その確保を図

る」とされている。

2 国民年金（基礎年金）の概要

(1) 国民年金制度の趣旨

日本では、1961（昭和36）年の国民年金法の全面施行により、**「国民皆年金」**制度が採用されている。1961年には、国民健康保険制度が完全普及して、すべての国民が公的医療保険制度に加入する**「国民皆保険」**も実現した。

1986（昭和61）年の制度改正により、日本国内に居住する20歳以上60歳未満のすべての者（**被保険者**）が国民年金（基礎年金）への加入を義務づけられている。

憲法25条1項は「すべて国民は、健康で文化的な最低限度の生活を営む権利を有する」と規定し、憲法25条2項は「国は、すべての生活部面について、社会福祉、社会保障及び公衆衛生の向上及び増進に努めなければならない」と規定している。国民年金制度は、憲法25条2項に規定する理念に基づき、老齢、障害または死亡によって国民生活の安定が損なわれることを国民の共同連帯によって防止し、もって健全な国民生活の維持および向上に寄与することを目的とするものである。

(2) 国民年金の加入者

国民年金(基礎年金)の加入者(被保険者)は、以下の3種類である。

① 「**第1号被保険者**」(農林漁業者・自営業者・学生・無業者など)
② 「**第2号被保険者**」(会社員・公務員など)
③ 「**第3号被保険者**」(第2号被保険者に扶養される配偶者で年収130万円未満)

2013(平成25)年3月末の公的年金加入者は約6,737万人であり、うち第1号被保険者が1,864万人(任意加入被保険者29万人を含む)、第2号被保険者が3,913万人、第3号被保険者が960万人である。

(3) 国民年金の受給資格期間

現在、国民年金(老齢基礎年金)の受給には、原則25年の受給資格期間(保険料納付済期間と保険料免除期間を含む)が必要である。

60歳までに受給資格期間25年を満たしていない場合には、60歳から70歳までの間に国民年金に「**任意加入**」できる。また、60歳までに受給資格期間25年を満たしている場合でも、40年の納付済期間がないため満額受給できない場合には、60歳から65歳までの間に任意加入できる。さらに、外国に居住する20歳以上65歳未満の日本人も任意加入できる。

国民年金保険料の未納期間については、過去2年分に限ってさかのぼって納付できるが、過去2年分を超える部分はさかのぼって納

付できない。ただし、低年金・無年金者の存在が課題となっていることから、2011（平成23）年度の制度改正により、2012（平成24）年10月から3年間に限って、過去10年分までさかのぼって後納できる。

そして、納付した保険料に応じた給付を行い、将来の無年金者の発生を抑えていく観点から、年金機能強化法（平成24年8月公布）により、受給資格期間が10年に短縮される。消費税率の10％への引上げ（2015年10月）にあわせて施行される。

3 公的年金の概要

(1) 公的年金の上乗せ年金

公的年金は、「**1階部分**」にあたる国民年金（基礎年金）と「**2階部分**」にあたる「**上乗せ年金（報酬比例年金）**」の「**2階建て構造**」である。

上乗せ年金の年金額は、過去の報酬と加入期間に応じて決まる。上乗せ年金は、第2号被保険者に該当する者が受給する。

上乗せ年金は、現在は、「**厚生年金**」（厚生年金保険）と「**共済年金**」（国家公務員共済組合・地方公務員等共済組合・私立学校教職員共済）に区分されている。厚生年金では、厚生年金適用事業所（原則として常時5人以上の従業員を使用するもの）に雇用される70歳未満の者（会社員等）が被保険者となる。共済年金では、国家公務員、

地方公務員や私立学校教職員が被保険者となる。厚生年金には、厚生年金基金の「**代行部分**」が含まれている。

このように厚生年金と共済年金は、被用者（雇われている者）に関する上乗せ年金であるので、「**被用者年金**」である。共済年金は、2015年10月に厚生年金に統合され、「**被用者年金制度の一元化**」が実現される。

上乗せ年金の受給は、老齢基礎年金の受給資格を満たしている場合に、厚生年金などに1か月でも加入していれば受給できる。

(2) 公的年金の給付

公的年金の給付は、3種類からなる。「**老齢年金**」（約3,833万人）、「**障害年金**」（約195万人）および「**遺族年金**」（約590万人）である。

それぞれ、1階部分である基礎年金（老齢基礎年金・障害基礎年金・遺族基礎年金）と2階部分である上乗せ年金（厚生年金の場合には老齢厚生年金・障害厚生年金・遺族厚生年金）がある。

(3) 被用者に有利な仕組み

❶ 上乗せ年金の存在

公的年金は、被用者（第2号被保険者）、特に正規被用者に有利な仕組みになっているといえる。

第1に、「国民皆年金」は、あくまでも1階部分の基礎年金にあてはまることである。2階部分の上乗せ年金（報酬比例年金）は、国民皆年金となっておらず、第2号被保険者に該当する者が受給す

る。

❷ 労使折半の保険料負担

第2に、第1号被保険者は、毎月一定額の保険料を全額納める。第2号被保険者は、上乗せ部分の保険料を含め、労使折半で保険料を負担している。

❸ 第3号被保険者の存在

第3に、第1号被保険者に扶養される配偶者は、年収130万円未満であっても、第1号被保険者として国民年金に加入して国民年金保険料を支払う義務がある。第2号被保険者の配偶者である第3号被保険者に比べると不公平であることは否めない。

❹ 上乗せ年金の年金分割制度の存在

第4に、第2号被保険者に扶養される配偶者である第3号被保険者には、上乗せ年金は存在しない。ただし、被扶養配偶者（第3号被保険者）のいる第2号被保険者が負担した保険料は「被扶養配偶者が共同して負担したものであるという基本的認識」がとられており（厚生年金保険法78条の13）、年金分割制度がある。

年金分割制度には、「**合意分割制度**」と「**3号分割制度**」がある。年金分割の対象は2階部分（上乗せ年金）のみであり、1階部分（基礎年金）と3階部分（企業年金）は対象にならない。

合意分割制度は、離婚した当事者の一方の請求により、第2号被保険者の婚姻期間中の厚生年金記録（標準報酬月額・標準賞与額）の按分割合について合意するものである。

3号分割制度は、2008（平成20）年4月以降の第3号被保険者期間について、第3号被保険者であった者の請求があれば、第2号被

保険者の厚生年金記録（標準報酬月額・標準賞与額）が2分の1ずつ当事者間で分割されるものである。当事者間の合意は必要ない。

❺ 育児休業期間・産休期間中の社会保険料免除

第5に、第2号被保険者が育児休業制度（原則1歳まで）を利用する場合、その期間の社会保険料は労使ともに免除される。

加えて、2014（平成26）年8月までに、産休期間（産前6週間・産後8週間）の社会保険料免除制度が実施される予定である。

❻ 非正規被用者の取扱い

第6に、非正規被用者は、第2号被保険者になりにくい。現在、1日または1週間の所定労働時間が通常の労働者（正社員）のおおむね4分の3以上（通常の労働者の所定労働時間が週40時間の場合には週30時間以上）ある者が、厚生年金の加入対象となっている。

ただし、短時間労働者（パートやアルバイト）の将来の年金受給権を確保する観点から、年金機能強化法（平成24年8月公布）により、2016年10月から、1週間の所定労働時間20時間以上、月額賃金が8万8,000円以上（年収106万円以上）、勤務期間1年以上かつ従業員501人以上の企業という要件を満たす短時間労働者（学生を除く）についても、厚生年金の適用対象とされる。対象者数は約25万人と想定されている。健康保険（公的医療保険）の適用対象についても、同じ改正が行われている。

（4） 公的年金の財源

日本の公的年金は、「**税方式**」ではなく、原則として保険料を納めなければ年金を受け取ることができない「**社会保険方式**」をとっ

ている。ただし、基礎年金の2分の1は国庫負担（税財源）となっている。

そして、「**積立方式**」（個人が納めた保険料を積み立ててその運用益とともに個人に返す仕組み）ではなく、「**賦課方式**」（現役世代の納める保険料によって高齢者の年金給付を賄う仕組み）をとっている。賦課方式は、「世代と世代の支え合い」、すなわち「**世代間扶養**」の仕組みと呼ばれている。

日本の社会保障制度は、高齢や疾病・介護をはじめとする生活上の「リスク」に対して、「**自助**」・「**共助**」・「**公助**」の最適な組合せに留意して形成するとされている。世代間扶養の考え方は、「自助」の実現をサポートする「共助」（社会保険方式による「自助の強制共同化」）と「公助」（税方式）の機能が重視されている。社会保険方式を建前とする年金・医療・介護では、実際には財源の4割弱が税財源で占められている。

4　公的年金の支給開始年齢

(1) 国民年金（老齢基礎年金）の支給開始年齢

国民年金の支給開始年齢は65歳である。

加入期間（上限40年）に応じて定額の基礎年金（老齢基礎年金）の支給を受ける。2013（平成25）年10月現在の年金額は、40年加入の満額で年77万8,500円である。

国民年金（老齢基礎年金）だけでは、生活は厳しい。しかも、マクロ経済スライドの適用により、今後さらに減額される可能性が高い。しかし、ほかに収入がない場合には、国民年金がないと生活困難となる。

　60歳からの繰上げ受給（受給額は減額）および66歳以降の繰下げ受給（受給額は増額）が可能である。全部繰上げの場合の減額率は「0.5％×繰上げ月数」、繰下げの場合の増額率は「0.7％×繰下げ月数」である。

　在職中であっても、老齢基礎年金は支給停止されず、全額支給される。

(2) 厚生年金の支給開始年齢

　厚生年金の支給開始年齢は、1986（昭和61）年の制度改正により、60歳から65歳に引き上げられたが、段階的にスムーズに引き上げるために、60～64歳は「**特別支給の老齢厚生年金**」制度が設けられた。65歳以降は、特別支給の老齢厚生年金ではなく、老齢基礎年金と老齢厚生年金を受給することになる。

　特別支給の老齢厚生年金については、2000（平成12）年度の60歳から、段階的な引上げ（3年ごとに1歳ずつ引上げ）が進められている。1961（昭和36）年4月2日生以降の男性と1966（昭和41）年4月2日生以降の女性については、支給開始年齢が完全に65歳以上となる。

　まず、1階部分の「**特別支給の老齢厚生年金（定額部分）**」の支給開始年齢は、男性については2001（平成13）年度から引上げが開

始されて2013(平成25)年度に65歳に到達して支給がなくなり、女性については2006(平成18)年度から引上げが開始されて2018年度に65歳に到達して支給がなくなる(老齢基礎年金に移行)。

次に、2階部分の「**特別支給の老齢厚生年金(報酬比例部分)**」の支給開始年齢は、男性については2013年度から引上げが開始されて(2013～2015年度は61歳)、2025年度に65歳に到達して支給がなくなり、女性については2018年度から引上げが開始されて2030年度に65歳に到達して支給がなくなる(老齢厚生年金に移行)。

女性の場合には、男性の5年遅れで引上げが進められている。

上乗せ年金(報酬比例部分)についても、60歳からの繰上げ受給や66歳以降の繰下げ受給が可能である。

上乗せ年金(報酬比例部分)については、受給権者の在職中は、全部または一部が停止される。65歳以降の場合、賃金(ボーナス込み月収。以下同じ)と厚生年金(報酬比例部分)との合計額が46万円に達するまでは、満額支給され、これを上回る場合には賃金の増加2に対して年金1が停止される。

5 公的年金のメリット

(1) 現役世代の不安

「世代間扶養」の年金制度の場合、高齢化が急速に進むと、現役世代の負担が増大し、公的年金の保険料を支払うのは自分にとって

「払い損」ではないか、将来的に年金制度が維持されて自分が老齢世代になった際に十分な公的年金を受け取ることができるかどうかが不安視されることになる[1]。

この点については、まず、加入者にとって、公的年金には、一定のメリットがあると考えられる。

(2) 国庫負担

第1に、基礎年金の財源の2分の1が国庫負担とされているので、計算上は、どの世代も自分が支払った保険料を上回る年金を受け取ることができる。すべての被保険者にとって、公的年金に加入する方が加入しないより「お得」である。

(3) 労使折半の上乗せ年金

第2に、第2号被保険者に該当する者には、保険料負担が労使折半の上乗せ年金があるので、公的年金に加入する方が「お得」であり、保険料負担のない第3号被保険者にとっては、「お得」であることは明らかである。

(4) 社会保険料控除

第3に、支払った保険料は、所得から全額控除される（社会保険料控除）との税制上のメリットがある。

---

[1] 加藤久和『世代間格差―人口減少社会を問いなおす』（ちくま新書、2011）は、単純な損得計算ではなく、経済社会システムの持続可能性の問題として、世代間格差の問題を考察している。

(5) 障害基礎年金と遺族基礎年金

第4に、65歳になってから受け取れる「老齢基礎年金」のみならず、**「障害基礎年金」**（病気やけがなどで障害が残ったときに受け取れる年金）と**「遺族基礎年金」**（被保険者が死亡した場合に残された遺族に支払われる年金）がある。

6 国民年金の空洞化リスク

(1) 国民年金の未納者

同時に、公的年金には、一定のリスクもあると考えられる。まず、2012（平成24）年度の国民年金保険料の納付率は59.0％と、6割を切っている。国民年金の「空洞化」のリスクである。

この点については、厚生労働省「平成24年度の国民年金保険料の納付状況と今後の取組等」（2013（平成25）年6月24日）によると、国民年金の第1号被保険者の現年度（2012年度）の納付率についての数字であって、第2号被保険者・第3号被保険者をあわせた公的年金加入対象者全体の約95％の者が保険料を納付していると説明されている。

ただし、2012年度における未納者（24か月の保険料が未納となっている者）は296万人、未加入者は9万人に達している。これら約305万人は、公的年金加入対象者全体の約5％とはいえ、将来、これら

の者が無年金者となり、生活保護の対象となりうるとすると、国民負担が増大することになる。また、約95％の保険料納付者には、保険料の免除者（法定免除者・申請全額免除者）と納付猶予者（学生納付特例者・若年者納付特例者）が含まれている。

(2) 国民年金の免除者

2012（平成24）年度末の国民年金の第1号被保険者（任意加入被保険者を除く）1,834万人のうち、保険料納付の全額免除者数は587万人、納付対象者数のうち一部免除者数（申請4分の3免除者・申請半額免除者・申請4分の1免除者）は46万人に達している。第1号被保険者については、やはり国民年金保険料の納付の「空洞化」が進んでいるといえる。

全額免除者と一部免除者（追納しない場合）は、将来受け取れる老齢基礎年金の額が相応に減額されることになるが、「空洞化」をできるだけ回避し、真面目に国民年金保険料を全額納付している者が「不公平感」を抱かないようにするための取組みが求められる。

7 公的年金の制度改正リスク

(1) 給付水準の調整

現在の公的年金制度の財政枠組みは、2004（平成16）年の制度改正により構築されている。将来の保険料水準の上限を設定し、基礎

年金に対する国庫負担割合の引上げ（2009（平成21）年度に従前の3分の1から2分の1に引上げ）、その収入の範囲内で給付水準を調整する仕組みである。

具体的には、2017年度に、国民年金保険料額は月額1万6,900円（2013（平成25）年度は1万5,040円）の上限に達し、厚生年金保険料率（労使折半）は月額報酬18.3％（2013年4月現在で16.766％）の上限に達する。

(2) 社会保障と税の一体改革

「社会保障・税一体改革大綱について」（2012（平成24）年2月17日閣議決定）では、「社会保障制度は、現在でも全体として給付に見合う負担を確保できておらず、その機能を維持し制度の持続可能性を確保するための改革が求められている。今後、人口構成の変化が一層進んでいく社会にあっても、年金、医療、介護などの社会保障を持続可能なものとするためには、給付は高齢世代、負担は現役世代中心という現在の社会保障制度を見直し、給付・負担両面で、人口構成の変化に対応した世代間・世代内の公平が確保された制度へと改革していくことが必要である」と指摘されている。

「社会保障と税の一体改革」では、国民への「アメ」と「痛み」が法定されている。「痛み」としては、まず、「社会保障の機能強化・機能維持のための安定財源確保」として消費税率の引上げがある（2014（平成26）年4月から消費税率8％、2015年10月から消費税率10％）がある。

「アメ」として、消費税率引上げ（2015年10月）の実施にあわせ

て、最低保障機能の強化として、低所得者の老齢基礎年金額への加算（老齢年金生活者支援給付金の支給）や国民年金（老齢基礎年金）の受給資格期間の短縮（現行の25年から10年へ）が実施される。

(3) 今後の制度改正リスク

しかしながら、保険料の上限設定が維持されることを前提とすると、現役世代人口の減少により保険料収入が減少することになるから、「社会保障制度の持続可能性」を維持するために、さらに公的年金改革を行うことが必要となると見込まれる。

具体的には、財源面の方策として、①標準報酬上限の見直しや②国庫負担割合の引上げ（消費税率の一層の引上げ）、給付面の方策として、③公的年金支給開始年齢の一層の引上げ、④マクロ経済スライドによる年金給付額の調整（現役人口減少や平均余命の伸びに基づく調整）や⑤年金給付額の削減などが必要となろう。

「社会保障・税一体改革大綱について」には、すでに、上記①について厚生年金の「標準報酬上限の見直し」、上記②について「最低保障年金（税財源）」制度の創設、上記③について中長期的課題として「**支給開始年齢引上げの検討**」、上記④について「高所得者の年金給付の見直し」（高所得者の老齢基礎年金の一部（国庫負担調整額まで）を調整する制度の創設）が盛り込まれている。

政権交代後の**社会保障制度改革国民会議報告書**「確かな社会保障を将来世代に伝えるための道筋」（2013（平成25）年8月6日）においても、民主党の主張であった最低保障年金制度創設論が消えたものの、支給開始年齢引上げが検討課題にとどまっていることなど、

基本的方向性は共通している。「**世代内の再分配機能**」の強化を図る観点から、「高所得者の年金給付の見直し」が取り上げられており、公的年金等控除などの年金課税のあり方の見直しが提言されていることが注目される。

こうした公的年金の制度改正リスクに備えて、「自助」により老後のお金を準備していくことが求められる。

8 企業年金等

(1) 企業年金等の類型

企業年金等は、加入義務のある「公的年金」（基礎年金・上乗せ年金）に加えて、企業・個人の選択により、任意に上乗せする「**私的年金**」のことである。最近では、企業年金等に加えて、個人の選択により「**自分年金**」をつくることを勧める専門家もいる[2]。

企業年金等には、「**確定給付型**」（加入した期間などに基づいてあらかじめ給付額が定められている年金制度）と「**確定拠出型**」（拠出した掛金額とその運用収益との合計額を基に給付額を決定する年金制度）がある。

---

2 日本経済新聞2012年4月11日解説記事「『自分年金』目標額は公的年金・退職金の不足補う　ゆとり考え3000万円」、同2013年5月1日解説記事「独身ミドルさあ自分年金　必要額95歳から逆算　75歳で2400万円目安」参照。

第2章　お金のリスク管理　41

(2) 企業年金

　企業年金は、企業の従業員（第2号被保険者）にとって「**3階部分**」に相当するものである。

　確定給付型の企業年金として、「**厚生年金基金**」と「**確定給付企業年金**」（基金型・規約型）があり、確定拠出型の企業年金として、「**企業型確定拠出年金**」がある。公務員には確定拠出年金はない。

　企業型確定拠出年金では、事業主が掛金を拠出する。拠出限度額の枠内かつ事業主の掛金を超えない範囲で、加入者（被用者）の拠出（「**マッチング拠出**」）も可能である。

　拠出限度額は、事業主が確定給付型の企業年金を実施していない場合には月額5万1,000円（年間61万2,000円）、確定給付型の企業年金を実施している場合には月額2万5,500円（年間30万6,000円）である。2014（平成26）年度に、それぞれ月額5万5,000円と2万7,500円に引き上げられる予定である。

(3) 自営業者等の年金

　自営業者等にとっては、公的年金としての上乗せ年金がないことから、老齢基礎年金への上乗せ年金は私的年金のみである。老齢基礎年金は少額である（2013（平成25）年10月現在の年金額は40年加入の満額で年77万8,500円）から、自営業者等にとって、私的年金、さらには「自分年金」は重要である。

　自営業者等には、確定給付型として「**国民年金基金**」（地域型・職能型）があり、確定拠出型として「**確定拠出年金**」（個人型）があ

42

る。

　個人型確定拠出年金の拠出限度額は、自営業者等（国民年金第1号被保険者）については月額6万8,000円（年間81万6,000円）、会社員（国民年金第2号被保険者であって勤務先に確定給付年金や企業型確定拠出年金がない者）については月額2万3,000円（年間27万6,000円）である。

　確定拠出年金は、企業型と個人型のいずれも、原則として60歳に到達した場合に受給できる。年金で受け取る方式のほかに、一時金で受け取る方式を選択可能である。

(4) 個人型確定拠出年金の税制上のメリット

　個人型確定拠出年金には、3つの税制上のメリットがある。
　第1に、掛金全額が所得控除される。
　第2に、運用益が非課税となる。
　第3に、受給が年金方式の場合には公的年金と同様に「公的年金等控除」が適用され、一時金方式の場合には「退職所得控除」が適用される。

9 体験的「人生のリスク管理」投資編

(1) 投資失敗経験

「自分年金」づくりには、貯蓄や投資が大切である。私は、どうも「投資好き」のようであるが、大体において投資の結果は上手くいかず、損ばかりである。

20代の頃に個別日本株の投資を少ししたことがあるが、1990年代以降のバブル相場の大幅下落により損に終わった。金融庁の官僚時代には、個別株式等への投資は原則として禁止されていたが、投資信託は許容されていた（現在の弁護士時代も同様に個別株式等禁止・投資信託許容）。そこで、投資の勉強も意識して、投資信託を購入していたが、リーマンショック（2008（平成20）年9月）などに伴う相場下落で損が蓄積された。

しかも、日本株投資信託は、資金が必要であったとはいえ、日本株相場が底値圏にあった2012（平成24）年冬に売ってしまい、「アベノミクス」を期待しての2012年秋以降の日本株上昇の流れには全く乗れなかった体たらくである。

また、外貨建ての投資信託を購入したところ、円高が進んで損が出て、最近の円安で損が縮小した程度である。

投資は、「安いときに買って高いときに売る」ことにより利益が出るものである。私の投資行動は「高いときに買って安いときに売

る」結果になっており、これでは利益が出るどころか損が蓄積する
わけである。

(2) 投資についての教訓

❶ 投資の難しさ

私は、投資に関する一般的な知識を有しているつもりであるが、投資は難しいと実感する。これまでの度重なる投資失敗の経験から、私は、投資について、教訓を得ている。

❷ ポートフォリオ構築・リバランスの難しさ

第1に、私は、老後への備えや税制上のメリットなどを考慮して2011（平成23）年から個人型確定拠出年金に毎月資金拠出しているが、「**ポートフォリオ**」（資産配分構成）づくりの難しさを痛感した。

専門家は、ポートフォリオの定期的な見直し（「**リバランス**」）を勧めるが、私はリバランスを怠っている。

❸ 専門家のアドバイスの問題

第2に、専門家のいうことは必ずしもあてにならないように思われる。もとより、専門家の勧めるその時々の「流行テーマ型商品」への投資には、その時点ですでにピークを過ぎている可能性があるので、注意しなければならない。

加えて、専門家は、長期投資を勧める一方、「**毎月分配型投資信託**」に対して批判的である。右肩上がりの相場にあてはまるような考え方であり、「**ボラティリティ（価格変動性）**」の高い相場環境のもとでは、あてはまらないのではないかと思われる。私はむしろ毎月分配型投資信託を好んでいる。

❹ 現役世代の時間的余裕の問題

第3に、ボラティリティ（価格変動性）の高い相場環境のもとでは、「買い」だけでなく「売り」のタイミングが重要である。そのためには相場動向を頻繁にフォローする必要があるが、私には、そのような時間的余裕はない。

私は、収益は低くてもいいので、相場動向を頻繁にフォローする必要がないような「絶対収益型」の金融商品を望んでいる。しかし、現実には、そのような投資商品はほとんどなく、あっても初年度は販売手数料で収益がほとんど出ないおそれがあるので、購入するに至っていない。このままでは、投資は、時間的余裕のある高齢者やデイトレーダーなどが中心となり、現役世代の投資は相変わらず増えないのではないかと思う。

❺ 「金融リテラシー」の問題

第4に、専門家は、利用者に「**金融リテラシー**」を求め、「**金融経済教育**」「**投資教育**」の重要性を指摘する。確かにそのとおりであるが、「金融」「投資」は目に見えない仕組みであるので、現代の多忙な個人にとって、その学習は容易でない。すべての個人に金融リテラシーを求めるのは現実的でないのみならず、利用者を教育の対象とする「**上から目線**」[3]である。

しかも、長期デフレ経済のもとでは、投資よりも銀行預金や国債が有利であったので、結果的には、むしろ専門家よりも素人の方が賢明な資産運用を行ったともいえる。必要なのは「**金融経済学習**」

---

3 榎本博明『「上から目線」の構造』（日経プレミアシリーズ、2011）参照。

である。人生の各段階でどの程度の「お金」が必要か、それに備えてどのように準備するかといったことを、個人が自ら学んで実践するようにすることが大事である。

❻ 成功体験の乏しさ

第5に、投資は、一定の「**リスク**」をとってそのリスクに見合う「**リターン（収益）**」を得ることを目的とするものである。もちろん期待どおりのリターンが得られるものではないが、リスクをとってもリターンが損ばかりで、投資の「**成功体験**」に乏しい者が投資に消極的になることは当然である。投資の促進には、少しでも成功体験が必要である。

私は、「投資好き」ではあるが、投資の「成功体験」に乏しいため、最近は自分は「投資に向いていない」のではないかと思っている。このため、資金の運用先は預貯金や個人向け国債が中心となっており、投資してリスクをとる「勇気」がなかなか出てこない。

(3) 貯蓄と投資の将来展望

預貯金も個人向け国債も、最後は日本国の信用に依存している。個人向け国債は日本国の債務である。預貯金は、直接的には金融機関の債務であるが、1,000万円まで国の預貯金保険制度により保護されていることに加えて、金融機関は日本国債を大量に保有していることから、最後は日本国の信用次第である。

私は、日本国が債務不履行（デフォルト）することはないと考えているが、財政事情のさらなる悪化に伴うインフレリスクと円安リスクはあると思っている。このため、外貨建て資産を勧める意見も

あるが、外貨建て資産には円高リスクなどがある。

　私の金融資産は円資産に偏っている。「**分散投資**」の観点から、どの程度を外貨資産に振り向けるか、どのような外貨資産に振り向けるかは、悩ましい課題である。

(4) NISA

　自助努力による家計の安定的な資産形成を支援するなどの観点から、2014（平成26）年1月から、「**NISA（ニーサ）**」と呼ばれる「**少額投資非課税制度**」が導入される。NISAは、上場株式等の配当等および譲渡所得等への10％の軽減税率が2013（平成25）年末に廃止されて2014年1月から20％となることにあわせて、導入されるものである。NISAの概要は表2－1のとおりである。

　NISAは、1年ごとの投資（購入）上限額が年間100万円とされ、その収益について最長5年間は非課税となる。金融界は、NISAが導入される機会をいかして、本業で多忙な現役世代が放置していても「**リスク管理しやすい**」「**簡素でわかりやすい**」「**低リスク**」「**低コスト**」のNISA用投資商品を開発・提供することが望まれる。

　私は、販売手数料がゼロでNISA専用のシンプルな投資商品を提供する金融商品取引業者等のうちから、NISA口座を開設する会社を選んだ。その際には、インターネット取引ではなく電話取引をすることに伴う利便性があること、個人取引について継続的な取引関係があることや営業努力などを考慮した。NISAをきっかけに私の投資が再活発化することになるかもしれない。

表2-1　NISAの概要

【利用者】
　日本の20歳以上の居住者等。
【非課税口座の設定可能期間】
　2014（平成26）年1月1日から2023年12月31日まで。
【非課税口座の開設者】
　金融商品取引業者等（金融商品取引業者・登録金融機関）。
【非課税口座の開設】
　2014年1月の導入時は、1人につき4年間ごとに1つの金融商品取引業者等に1口座のみ。
　2015年1月から毎年、金融商品取引業者等を変更できる予定。
【非課税対象商品】
　上場株式・外国上場株式・公募株式投資信託・外国籍公募株式投資信託・上場投資信託（ETF）・上場不動産投資信託（REIT）・海外上場EFTなど（「**上場株式等**」）。
　・実際の取扱商品は取扱金融機関によって相違。
　・国債・社債・外国債券・公社債投資信託・MMF（マネー・マーケット・ファンド）・MRF（マネー・リザーブ・ファンド）などは対象外。
【非課税対象】
　非課税期間内における非課税口座内の上場株式等の配当金・分配金と譲渡益等。
　・譲渡益等の非課税には非課税期間内における売却が必要。
　・投資信託の元本払戻金（特別分配金）はそもそも非課税であり、NISAにおいて制度上のメリットなし。
【非課税投資限度額】
　毎年新規投資の元本（買付代金）で100万円。
　・特定口座等ですでに保有している上場株式等の非課税口座への移管不可。
　・分配金の再投資は新規投資扱い。
　・毎年の非課税枠の未使用分は翌年への繰越不可。

【非課税期間】
　投資した年から最長５年間。
【非課税期間内における途中売却】
　可能。
　　・売却部分の非課税枠は再利用不可。
【非課税期間終了時に非課税口座に存在する上場株式等の取扱い】
　非課税期間（５年）終了時に課税口座（特定口座・一般口座）に移管（払出）。
　　・非課税期間終了後も一定の手続をすれば非課税口座の開設期間（2023年末まで）内であれば翌年の新たな非課税枠に移管（払出）可能（ロールオーバー）。
　　・いずれの場合も非課税上場株式等の取得価額は移管（払出）時の時価となる。
　　・移管（払出）時の時価が当初取得価額より低い場合も税務上損失はないとの取扱い。
【損益通算】
　課税口座で生じた配当金・売買益等との損益通算は不可。
　　・損失の繰越控除（３年間）もできない。
【手続】
　居住者等は税務署長から「**非課税適用確認書**」の交付を受けることが必要。

(出所)　金融庁・日本証券業協会資料

(5) ファンドラップ

　私が関心を持っている「**お任せ型**」の投資商品として、証券会社の提供するファンドラップがある。

　ファンドラップは、顧客の投資経験や投資方針（リスク許容度など）などをふまえて、証券会社が顧客に相応しい運用スタイルを提

案し、顧客が同意すれば、顧客は証券会社と投資一任契約を締結し、実際の運用を証券会社に任せる投資商品である。

　ファンドラップの特徴は、顧客ごとに資産配分比率（アセット・アロケーション）を決めて、複数のファンドラップ専用投資信託を組み合わせて、分散投資することである。資産配分比率は見直しが可能である。最低投資金額は、証券会社によって異なるが、300万円以上、500万円以上や1,000万円以上などとなっている。

　ファンドラップへの投資にあたっての課題は、第1に、市場環境は常に変動することから、どのタイミングでファンドラップ投資を行うかである。この点は他の投資商品と同様である。

　第2に、手数料負担を超えるリターンを期待できるかである。ファンドラップの手数料は、（成功報酬型以外は）運用資産残高ベースで計算される。個別の投資信託商品への投資と比べると、販売手数料を要しないとのメリットがある。一方、運用資産残高ベースの手数料として、運用対象となる専用投資信託の信託報酬（専用投資信託がファンド・オブ・ファンズの場合にはその投資対象先の投資信託の信託報酬）を間接的に負担することに加えて、ファンドラップ固有の手数料として、投資一任報酬（投資顧問料）と管理手数料を負担することになる。

第 3 章 仕事のリスク管理

1 仕事の意味

人が仕事をする目的には個人差があり、多様である。生活の糧としての収入を得るため、社会参加して「自己承認」を受けるため、「自己実現」するため、単に好きだから、社会貢献するためなどである。

もちろん「『自己実現』を働くことだけに求めてしまう日本人」「効率よく仕事し人生を楽しめ」「仕事は仕事と割り切れ」との指摘もみられる[1]。確かにそうした視点も必要であるが、人生にとって仕事は大切である。

2 高齢者の雇用状況

厚生労働省「平成24年国民生活基礎調査の概況」(2013(平成25)年7月4日)によると、中高年層における「仕事あり」と「仕事なし」の状況は、表3-1のとおりである。65歳以上(特に女性)の「仕事なし」の割合が高いことがわかる。

また、「仕事あり」のうち、役員以外の雇用者をみると、全体では、「正規の職員・従業員」の割合が61.1%、「非正規の職員・従業員」の割合が38.9%となっている。そのうち中高年層における「正

---

1 谷本真由美『キャリアポルノは人生の無駄だ』(朝日新書、2013)参照。

表3-1　中高年層における仕事状況

(単位：％)

年齢階級	総数 あり	総数 なし	男 あり	男 なし	女 あり	女 なし
50〜54歳	84.0	16.0	93.9	6.1	74.4	25.6
55〜59歳	76.7	23.3	90.2	9.8	63.8	36.2
60〜64歳	59.9	40.1	73.5	26.5	47.1	52.9
65歳以上	24.2	75.8	33.6	66.4	17.1	82.9

表3-2　中高年層における役員以外の雇用状況

(単位：％)

年齢階級	総数 正規	総数 非正規	男 正規	男 非正規	女 正規	女 非正規
50〜54歳	65.5	34.5	89.4	10.6	39.7	60.3
55〜59歳	63.2	36.8	85.9	14.1	35.8	64.2
60〜64歳	32.7	67.3	42.5	57.5	19.3	80.7
65歳以上	21.8	78.2	27.3	72.7	13.6	86.4

規」と「非正規」の状況は、表3-2のとおりである。60歳以上の「非正規」の割合が高いことがわかる。

3 高年齢者の安定雇用確保策の強化

(1) 高午齢者雇用安定法の改正の概要

❶ 概　要

2013（平成25）年4月に高年齢者雇用安定法（高年齢者等の雇用の

安定等に関する法律）の改正が施行されたことが注目されている[2]。ただし、その適用対象者は「事業主がその雇用する労働者」であり、自営業者には適用されない。

❷ 60歳以上定年制

第1に、企業（「事業主」）は、「**定年**」を定める場合には、60歳以上としなければならない。この60歳以上定年制は改正されていない。

❸ 高年齢者雇用確保措置

第2に、企業は、65歳未満の定年を定めている場合、その雇用する高年齢者の65歳までの安定した雇用を確保するため、以下の「高年齢者雇用確保措置」のいずれかを講じなければならない。

・定年の引上げ

・「**継続雇用制度**」（現に雇用している高年齢者が希望するときは、当該高年齢者をその定年後も引き続いて雇用する制度）の導入

・「定年の定めの廃止」

改正前には、企業が継続雇用制度の導入を選択した場合には、労使協定により基準を定めれば、希望者全員を対象としない制度も可能となっていたが、改正により、希望者全員を継続雇用制度の対象とすることが義務づけられている。

❹ 継続雇用における雇用確保先企業の対象拡大

第3に、継続雇用における雇用確保先企業の対象が、自社だけで

---

2 「特集　高齢者雇用の時代と実務の対応―高年齢者雇用安定法の改正」ジュリスト1454号（2013年5月）や「人事・給与・採用が変わる！　65歳定年の衝撃」『週刊東洋経済』2013年1月26日号参照。

なく、そのグループ会社（**特殊関係事業主**）にまで拡大されている。グループ会社の範囲は、自社の親会社、親会社の子会社（兄弟会社）、親会社の関連会社、自社の子会社と自社の関連会社である。

❺ 厚生労働大臣による違反企業名の公表

第4に、厚生労働大臣は、高年齢者雇用確保措置義務に違反する企業に対して、指導・助言と勧告をすることに加えて、勧告に従わない企業名を公表できる。

(2) 高年齢者の継続雇用制度の強化の趣旨

高年齢者の継続雇用制度が強化されたのは、2013（平成25）年4月から老齢厚生年金の上乗せ年金（報酬比例年金）の支給開始年齢の引上げが開始されたことにあわせて、雇用と年金を確実に接続させ、無収入の高齢者世帯が発生しないようにするためである。

厚生年金の上乗せ年金（報酬比例年金）の支給開始年齢が65歳となるのは、男性で2025年度、女性で2030年度である。

(3) 高年齢者の継続雇用制度の強化の経過措置

❶ 経過措置の概要

企業のための経過措置（12年間）として、2013（平成25）年3月31日までに継続雇用制度の対象者を限定する仕組みを利用していた企業は、老齢厚生年金の報酬比例部分の支給開始年齢以上の年齢の者については、2024年度までは、継続雇用制度の対象者を限定する仕組みを継続できる（表3-3）。経過措置の対象年齢は、男性の年金支給開始年齢の引上げスケジュールにあわせ、男女同一となっ

表3－3　老齢厚生年金の報酬比例
　　　　部分の支給開始年齢（男性）

```
●2013年度～2015年度：61歳
●2016年度～2018年度：62歳
●2019年度～2021年度：63歳
●2022年度～2024年度：64歳
```

ている。

❷　継続雇用制度の対象者の限定基準

　この場合、労使協定で継続雇用制度の対象者を限定する基準を定めることになる。厚生労働省「高年齢者雇用安定法Q&A（高年齢者雇用確保措置関係）」（厚生労働省Q&A）では、基準については、意欲・能力等をできる限り具体的に測るものであること（具体性）、必要とされる能力等が客観的に示されており、該当可能性を予見できるものであること（客観性）に留意して策定されたものが望ましいとされている。

　たとえば、「会社が必要と認めた者に限る」や「上司の推薦がある者に限る」などは適切でない一方、「過去○年間の人事考課が○以上である者、または、会社が必要と認める者」「協調性のある者」「勤務態度が良好な者」「○○職（特定の職種）の者」や「定年退職時に管理職以外の者」という基準も、違反とまではいえないとされている。

58

(4) 「70歳まで働ける企業」の普及・促進

　厚生労働省「平成25年『高年齢者の雇用状況』集計結果」（2013（平成25）年10月30日）によると、高年齢者雇用確保措置の実施状況として、定年引上げが16.0％、継続雇用制度導入が81.2％、定年廃止が2.8％となっており、継続雇用制度導入が大半である。

　継続雇用制度を導入している企業のうち、希望者全員を対象とする企業は65.5％（前年は42.8％）、対象者を限定する基準を定めている企業は34.5％（前年は57.2％）である。これらの企業においても、過去1年間の定年到達者のうち、継続雇用された者の割合は76.5％に達し、継続雇用を希望したが基準に該当しないことにより離職した者の割合は1.2％にとどまる。これら以外の者（22.3％）は、継続雇用を希望しなかった者である。

　定年、継続雇用制度または定年なしにより、「希望者全員が65歳以上まで働ける」または（希望者全員ではないが）「70歳以上まで働ける」企業の割合をみると、表3－4のとおりである。大企業（常時雇用する労働者301人以上）よりも中小企業（31〜300人）の方が取組みが進んでいる。

　厚生労働省は、「年齢にかかわりなく働ける社会の実現に向け、65歳までの雇用確保を基盤として『70歳まで働ける企業』の普及・啓発に取り組み」としている[3]。

3　「第2の就活　70歳まで働く！」『週刊東洋経済』2010年10月2日号参照。

表3－4　65歳以上・70歳以上まで働ける企業の割合

【希望者全員が65歳以上まで働ける企業の割合】
- 全企業　　66.5%（継続雇用49.1%・65歳以上定年14.7%・定年廃止2.6%）
- 大企業　　48.9%（継続雇用42.0%・65歳以上定年6.5%・定年廃止0.4%）
- 中小企業　68.5%（継続雇用49.9%・65歳以上定年15.7%・定年廃止2.9%）

【70歳以上まで働ける企業の割合】
- 全企業　　18.2%（継続雇用10.4%・70歳以上定年1.0%・定年廃止2.6%ほか）
- 大企業　　11.0%（継続雇用6.0%・70歳以上定年0.1%・定年廃止0.4%ほか）
- 中小企業　19.0%（継続雇用10.9%・70歳以上定年1.1%・定年廃止2.9%ほか）

---

(5) 継続雇用制度は従業員にとって「バラ色」か

　厚生労働省「高年齢者雇用確保措置の実施及び運用に関する指針」（2012（平成24）年11月9日）と厚生労働省Q&Aをみると、希望者全員を継続雇用の対象者とする制度も、従業員にとって「バラ色」ではないようである。

　第1に、継続雇用制度は、企業に制度を設けることを義務づけるものであって、個別の労働者の65歳までの雇用義務を課すものではない。したがって、定年退職者の希望にあう労働条件（勤務時間・勤務日数・賃金・待遇など）での雇用を義務づけるものではない。

　第2に、高年齢者の安定雇用を確保する趣旨をふまえたものであ

れば、企業の合理的な裁量の範囲の条件を提示すれば、労働条件（勤務時間・勤務日数・賃金・待遇など）を変更して雇用を継続することが可能であり、嘱託やパートなどにすることも可能である。その場合、1年ごとに雇用契約を更新する形態も、65歳を下回る上限年齢が設定されず、65歳まで原則として契約が更新される場合には、可能である。

第3に、就業規則の解雇事由または退職事由と同じ内容（年齢にかかるものを除く）を、継続雇用しない事由として定めることが可能である。たとえば、①「勤務状況が著しく不良で、改善の見込みがなく、従業員としての職責を果たし得ないとき」や②「精神または身体の障害により業務に耐えられないとき」などである。

第4に、継続雇用先がグループ会社とされる場合、勤務地が遠隔地となる可能性がある。

第5に、企業は、総人件費管理を徹底する観点から、継続雇用に伴う人件費増加を緩和するため現役世代の賃金制度改革（40歳以上の中高年の賃金削減）を進めるのではないか、企業が60歳定年前の退職を求める動きが出てくるのではないかといった指摘がみられる。

4　現役世代の雇用

(1)　現役世代の雇用「不安」

現役世代の雇用にも、各種の「不安」がみられる。①雇用の入り口である「**就職の不安**」、②雇用後の雇用継続や労働時間・賃金などに関する「**正規雇用者の不安**」や③「**非正規雇用者の不安**」などである。

私は、各種新書は世間の注目事・関心事を知るバロメーターと思っている。最近、雇用「不安」を論じる新書が多く出版されており、注目と関心の高さがうかがえる[4,5]。

(2)　サービス産業化

❶　就業構造の第3次産業化

厚生労働省「平成25年版労働経済の分析」(2013 (平成25) 年8月30日。「労働経済白書」) によると、日本の就業構造の第3次産業化

4　たとえば、今野晴貴『ブラック企業─日本を食いつぶす妖怪』(文春新書、2012)、岩崎日出俊『65歳定年制の罠』(ベスト新書、2013)、溝上憲文『非情の常時リストラ』(文春新書、2013)、上田信一郎『「社畜」と言われようと会社は辞めるな！』(角川SSC新書、2013)、中沢光昭『好景気だからあなたはクビになる！─知られざるリストラの新基準』(扶桑社新書、2013) などである。

5　稲泉連『仕事漂流─就職氷河期世代の「働き方」』(文春文庫、2013) には、転職した就職氷河期世代の不安として、「現状維持では時代と一緒に『右肩下がり』になる」「選択肢がどんどん消えていくのが怖かった」「常に不安だからこそ、走り続けるしかない」などが示されている。

が進んでいる。

2005（平成17）年からの5年間で増えたのは福祉・介護業、医療業、持ち帰り・配達飲食サービス業、不動産業、宗教や情報通信業などであり、減ったのは建設業、労働者派遣業、農業、卸売業、繊維工業、飲食料品小売業、飲食店、金属製品製造業や電子部品・デバイス・電子回路製造業などである。この間、リーマンショック（2008（平成20）年9月）があった。

就業者数が増えた職業は専門的・技術的職業従事者やサービス職業従事者などであり、減った職業は生産工程従事者、販売従事者、農林漁業従事者、事務従事者や建設・採掘従事者などである。就業者が増加した職業では女性比率が高い。

❷ 今後の主力事業分野

「2013年版労働経済白書」では、今後広がりが期待される主力事業分野として、福祉、介護、流通・物流、無店舗小売事業（ネット通販等）や情報サービス業（システムソリューション等）があげられている。

医療事業は雇用増加が見込まれ、事業転換して福祉・介護事業を今後の主力にする企業の現在の主力事業は、約3分の2が医療事業である。

❸ 企業の国勢調査

総務省・経済産業省「平成24年経済―活動調査（確報）」（2013（平成25）年8月27日）においても、第2次産業である製造業や建設業は依然として相当な割合を占めているが、全体としては第3次産業（サービス産業）が中心となっている（表3-5）。

表3－5　企業の国勢調査結果

> 【売上高上位5産業】
> ・卸売業・小売業（31.1％）、製造業（25.7％）、金融業・保険業（8.5％）、建設業（6.2％）、医療・福祉業（5.6％）［第3次産業比率67.7％］。
>
> 【付加価値額上位5産業】
> ・製造業（23.0％）、卸売業・小売業（18.6％）、医療・福祉業（9.9％）、金融業・保険業（7.6％）、建設業（6.4％）［第3次産業比率70.2％］。
>
> 【付加価値率（売上高に対する付加価値額の割合）上位5産業】
> ・教育・学習支援業（付加価値率47.6％）、学術研究・専門技術サービス業（同37.0％）、宿泊業・飲食サービス業（同36.9％）、その他サービス業（同35.2％）、医療・福祉（同32.5％）。
>
> 【付加価値率下位5産業】
> ・卸売業・小売業（付加価値率11.0％）、電気・ガス・熱供給・水道業（同12.8％）、金融業・保険業（同16.4％）、製造業（同16.5％）、生活関連サービス業・娯楽業（同17.4％）。
>
> 【事業所数上位5産業】
> ・卸売業・小売業（25.8％）、宿泊業・飲食サービス業（13.1％）、建設業（9.6％）、製造業（9.0％）、医療・福祉（6.6％）［第3次産業比率80.7％］。
>
> 【従業員数上位5産業】
> ・卸売業・小売業（21.0％）、製造業（16.6％）、医療・福祉（11.1％）、宿泊業・飲食サービス業（9.7％）、建設業（6.9％）［第3次産業比率75.8％］。

❹ 新規学卒者の離職状況

　厚生労働省「新規学卒者の離職状況（平成22年3月卒業者の状況）」（2013（平成25）年10月29日）により大卒者の卒業後3年以内の離職

率をみると、31.0％である。事業所規模別では規模が大きいほど低くなっている。

離職率が平均を下回る産業には、従来型の産業が多い。電気・ガス・熱供給・水道業（8.8％）、鉱業・採石業・砂利採取業（13.6％）、製造業（17.6％）、複合サービス事業（18.5％）、金融・保険業（19.6％）、情報通信業（22.6％）、運輸業・郵便業（23.1％）、建設業（27.6％）や卸売業（27.9％）などである。

離職率が平均を上回る産業は、サービス業である。宿泊業・飲食サービス業（51.0％）、教育・学習支援業（48.9％）、生活関連サービス業・娯楽業（45.4％）、不動産業・物品賃貸業（39.6％）、小売業（37.7％）、医療・福祉（37.7％）や学術研究・専門技術サービス業（32.5％）などである。

(3) 日本型雇用慣行の変容

石水喜夫『日本型雇用の真実』（ちくま新書、2013年）では、以下の指摘がされている。
① 従来の「日本型雇用システム」の基底には、「終身雇用」「年功序列」「企業別組合」を「三種の神器」とする「日本的雇用慣行」があった。
② OECD（経済協力開発機構）が1994年にとりまとめた「雇用戦略」は、冷戦構造の終結後の米国主導の「グローバリズム」と新古典派経済学の労働市場論（市場メカニズムによる労働力の需給調整論）のもとで、「労働市場の弾力化」を強調する「雇用流動化論」であった。

③ 1995（平成7）年5月に当時の日経連（現在の日本経団連）がとりまとめた「新時代の『日本的経営』―挑戦すべき方向とその具体策」では、企業を超えた横断的労働市場を育成し、人材の流動化を図ることが提言されている。
④ 旧日経連の提言では、日本の雇用形態が今後、「長期蓄積能力活用型グループ」「高度専門能力活用型グループ」「雇用柔軟型グループ」の三層構造に動いていく。企業は、大競争時代を迎え、経営環境の変化に応じてどの仕事にどのような人が何人必要かといった「自社型雇用ポートフォリオ」を検討し、対応していく必要があると提言されている。

確かに、日本の雇用状況（労働市場）は、旧日経連の提言の方向で展開し、現在に至っている。日本型雇用慣行が崩れて「雇用流動化」が進展し、それに伴い雇用「不安」が増大しているようである。

(4) 「雇用流動化」の議論

最近でも、以下のように、「雇用流動化」の提言が行われており、雇用「不安」を巻き起こしているようである。
① 民主党政権の国家戦略会議フロンティア分科会報告（2012（平成24）年7月6日）では、「定年制を廃止し、有期の雇用契約を通じた労働移転の円滑化」を図る方法が考えられるとして、**「40歳定年制」**や「50歳定年制」のアイディアが盛り込まれていた。
② 自民党政権の規制改革会議雇用ワーキング・グループ報告「雇用改革報告書―人が動くために」（2012年6月。「雇用WG報告」）

では、「**限定正社員**」＝「**ジョブ型正社員**」（職務、勤務地または労働時間が限定されている正社員）の雇用ルールの整備が提言されるとともに、「判決で解雇無効とされた場合における救済の多様化など労使双方が納得する雇用終了のあり方」についての丁寧な検討が盛り込まれていた。後者は、「**解雇の金銭解決制度**」である。これらは結局、実現されていない。

③　自民党・公明党政権の「**日本再興戦略— Japan is Back**」（2013（平成25）年６月14日）において、「雇用制度改革・人材力の強化」として「行き過ぎた雇用維持型から労働移動支援型への政策転換（失業なき労働移動の実現）」や「民間人材ビジネスの活用によるマッチング機能の強化」などの「雇用流動化論」が盛り込まれている。

(5) 雇用流動化と「人材」重視の両立

石水教授は、「雇用流動化論」に批判的であるが、グローバル化に伴う国際競争の激化などをふまえると、不可避・不可逆的な展開であると思われる。個人の「人生のリスク管理」にあたっては、耳目を集める新しい構想や提言に過度に惑わされることのないようにしつつも、「雇用流動化」という現実を直視して慎重に「自助」「自衛策」を考える必要がある。

また、食糧・資源・エネルギーを海外に依存する日本にとって、「人材」こそが持続的成長の基盤である。市場メカニズムを標榜して人材を「使い捨て」にするような企業に持続的成長の「未来」はないであろう。IT新興企業として発展している株式会社サイバー

エージェントが「終身雇用を目指す」「長く働く人を奨励する」「社員を大切にする」を方針としていることが象徴的である[6]。

　政府においても、バランスのとれた市場経済システムを提言する動きがみられる。自民党政権の経済財政諮問会議「目指すべき市場経済システムに関する専門調査会」の「中間報告」(2013（平成25）年6月6日) では、「自由な競争と開かれた経済は持続的成長のため不可欠である」との認識のもとで、「実体経済（real economy）主導」の持続可能な経済社会を実現する観点から、競争原理を通じて効率的に資源配分を行う市場経済システムの本来の機能を十全に発揮させるためにも、市場経済システムに内在する問題を克服する必要があり、「持続的成長のために未来への最大の投資は、人材育成である」と指摘されている（2013年11月1日に最終報告）。

(6) 正規雇用者の解雇法制

　「労働契約」は、労働者と使用者の合意により成立する（労働契約法6条）。正規雇用者（期間の定めのない労働契約を締結している者）の解雇以外の労働関係終了事由として、①合意解約（依願退職）、②辞職や、③定年制などがある[7]。

　正規雇用者の解雇事由には、①普通解雇、②整理解雇（指名解雇）と、③懲戒解雇がある。

　普通解雇は、心身の障害や勤務成績の著しい不良などの労働者の責に帰すべき事由による解雇である。整理解雇は、経営上の必要性

6　藤田晋『起業家』（幻冬舎、2013）参照。
7　菅野和夫『労働法（第10版）』（弘文堂、2012）参照。

に基づくものである。懲戒解雇は、懲戒処分としての解雇である。

いずれの解雇にも、裁判所の判例における解雇権濫用法理を法定した労働契約法16条「解雇は、客観的に合理的な理由を欠き、社会通念上相当であると認められない場合は、その権利を濫用したものとして、無効とする」が適用される。懲戒解雇には、加えて、労働契約法15条「使用者が労働者を懲戒することができる場合において、当該懲戒が、当該懲戒に係る労働者の行為の性質及び態様その他の事情に照らして、客観的に合理的な理由を欠き、社会通念上相当であると認められない場合は、その権利を濫用したものとして、無効とする」が適用される。

整理解雇が解雇権の濫用にならないかどうかについては、裁判例では、①人員削減の必要性、②解雇回避努力義務、③被解雇者選定の合理性と、④手続の相当性の「4要件」（①～④のすべてを満たす必要があるとするもの）または「4要素」（①～④の総合判断とするもの）により、判断されている。菅野教授は、4要件は長期雇用慣行（内部労働市場）をもつ企業に適合的な法理であって、外資系企業などの外部労働市場型企業の整理解雇については、4要素説に照らした判断となるが、雇用・処遇の仕組みの違いを考慮に入れる必要があると指摘している。

雇用WGでは、限定正社員（ジョブ型正社員）の勤務地・職務が消失した際の解雇については、無限定正社員と同様に整理解雇4要件が適用されるが、その際には、①の人員削減の必要性と④の手続の相当性は必要であるが、②の解雇回避努力義務と③の被解雇者選定の合理性については、認められやすいことが示唆されている。

(7) 非正規雇用者の問題

　厚生労働省「2012年版労働経済白書」(2012 (平成24) 年9月14日) と「2013年版労働経済白書」では、以下の分析がみられる。③をみると、正規雇用者にとっても、非正規雇用者は他人事でないといえる。

① 　正規雇用者数は1990年代後半から減少傾向、非正規雇用者数はほぼ一貫して増加傾向であり、2012年の非正規雇用者比率は35.2％。

② 　非正規雇用者の雇用形態別の内訳 (2012年) は、パート888万人 (49.0％)、アルバイト353万人 (19.5％)、派遣社員90万人 (5.0％)、契約社員・嘱託354万人 (19.5％)、その他128万人 (7.1％)。

③ 　男性の雇用者の年齢別構成では、正規雇用者は35〜44歳層が最も多く、非正規雇用者数は55〜64歳層と65歳層以上に多く分布。近年の非正規雇用者数は特に高年齢層において増加。契約社員・嘱託が定年退職後の継続雇用・再雇用の場となっていることがみてとれる。

④ 　非正規雇用者は、サービス業、卸売業・小売業・飲食店、運輸・通信業や製造業で増加。

⑤ 　非正規雇用者の年収水準は正規雇用者の5割程度。非正規雇用者の低所得者の割合が上昇。世帯所得300万円未満の低所得世帯でも約149万人の非正規雇用者が家計の主な稼ぎ手と推計。

⑥ 　正社員に比べると、非正規社員の結婚割合は低く、子供の数も

少ない。
⑦ パート・アルバイトでは国民年金未加入率が高い水準。
⑧ ただし、正社員になりたい非正規社員は2割強であるが、契約社員や派遣労働者は4割強が正社員を希望。

(8) 有期労働契約の規制と問題

❶ 有期労働契約の規制

2012（平成24）年労働契約法改正により、「**有期労働契約**」（期間の定めのある労働契約）の規制が導入された[8]。

第1に、無期労働契約への強制転換である（2013（平成25）年4月以後の契約から適用）。有期労働契約が繰り返し更新されて通算が5年を超えたときは、労働者の申込みにより、「**無期労働契約**」（期間の定めのない労働契約）に転換される（労働契約法18条1項）。ただし、契約と契約の間に6か月のクーリング期間があれば、前後の契約は通算されない（同条2項）。

第2に、「**雇止め法理**」の法定化である（平成24年8月施行）。以下のいずれかに該当する場合に、使用者が労働者による有期労働契約の更新・継続の申込みを拒絶することが、客観的に合理的な理由を欠き、社会通念上相当であると認められないときは、同一の労働条件の有期労働契約が締結されたものとみなされる（同法19条）。
① 有期労働契約が反復して更新されたことにより、雇止めをすることが解雇と社会通念上同視できると認められる場合。

---

8 「特集　労働契約法改正と新しい労働契約ルール」ジュリスト1448号（2012年12月）参照。

②　労働者が有期労働契約の契約期間満了時に契約更新を期待することについて合理的な理由が認められる場合。

　第3に、不合理な労働条件の禁止である（平成25年4月施行）。有期契約労働者と無期契約労働者との間で、期間の定めのあることによる不合理な労働条件の禁止である（同法20条）。

❷　無期労働契約への強制転換制度の問題点

　これらのうち無期労働契約への強制転換制度は、問題のある改正である。

　有期労働契約の無期労働契約への転換を促進するのではなく、むしろ当初から通算契約期間の上限を定めた有期労働契約を締結し、上限で契約を終了させ、6か月のクーリング期間を利用するといった実務を促進し、かえって有期契約労働者の雇用継続期間を制約する結果となるおそれがある。

　「2013年版労働経済白書」では、有期契約労働者のうち勤続年数5年超の者は426万人（65歳以上と在学中の者を除くと356万人）と推計され、無期雇用への移行が期待されるとされているが、疑問の余地がある。

(9)　派遣労働の規制

❶　派遣労働の仕組み

　「派遣労働者」 とは、事業主が雇用する労働者であって、労働者派遣の対象となるものをいう。

　「労働者派遣」の仕組みには、**「派遣労働者」「派遣元」「派遣先」** の三者が存在する。

「労働者派遣」とは、派遣元が自己の雇用する派遣労働者を、その雇用関係のもとで、かつ、派遣先の指揮命令を受けて、派遣先のために労働に従事させることをいい、派遣労働者が派遣先に雇用されるものを含まない。

　派遣労働者は派遣元に雇用され、派遣元と派遣先は「**労働者派遣契約**」を締結する。派遣先が派遣労働者を指揮監督する点で、請負元が請負労働者を指揮監督する請負とは異なる。注文主が請負労働者を指揮監督すると、違法な「**偽装請負**」となる。

❷　派遣労働者の就業状況

　厚生労働省「平成24年『派遣労働者の実態調査』の結果」(2013 (平成25) 年9月5日) によると、派遣労働者が就業している事業所の割合は10.8%である。産業別には、情報通信業26.9%、金融業・保険業19.1%、製造業18.3%、不動産業・物品賃貸業17.6%の順となっている。規模が大きいほど割合が高い (1,000人以上80.5%)。

　派遣労働者の派遣先の割合は、製造業29.4%、卸売業・小売業13.9%、情報通信業10.6%の順で多い。

　性別では、男性44.5%、女性55.5%である。医療・福祉、金融業・保険業と電気・ガス・熱供給・水道業では、女性の割合が8割を超えている。

　派遣先が派遣労働者を就業させる主な理由 (3つまでの複数回答) は、「欠員補充等必要な人員を迅速に確保できるため」64.6%、「一時的・季節的な業務量の変動に対処するため」36.7%、「専門性を活かした人材を活用するため」31.2%、「軽作業、補助的業務等を行うため」25.2%の順となっている。

❸ 労働者派遣の規制目的

労働者派遣は、「労働者派遣事業の適正な運営の確保及び派遣労働者の保護等に関する法律」(労働者派遣法) により規制されている[9]。

労働者派遣法の目的は、派遣先企業が労働者派遣を利用することによる派遣先企業の常用雇用者が代替されることの規制 (**常用代替防止**) と派遣労働者の保護である。

❹ 労働者派遣事業の規制

労働者派遣法は、派遣元を「**労働者派遣事業**」として規制している。

「**特定労働者派遣事業**」(派遣労働者が派遣元に常時雇用される労働者のみである労働者派遣事業) は、届出制である。届出書を提出した者は「**特定派遣元事業主**」という。2011 (平成23) 年度で6万2,903事業所であり、派遣労働者数30万人である。届出制から許可制への改正が検討されている。

「**一般労働者派遣事業**」(特定労働者派遣事業以外の労働者派遣事業) は、許可制である。許可を受けた者は「**一般派遣元事業主**」という。2011年度で1万9,775事業所であり、派遣労働者数107万人である。

一般派遣元事業主と特定派遣元事業主をあわせて「**派遣元事業主**」という。派遣先は、派遣元事業主以外の労働者派遣事業を行う者から、労働者派遣サービスの提供を受けることを禁止される。

---

9 「特集 理論・実務からみた労働者派遣法改正」ジュリスト1446号 (2012年10月) 参照。

❺ 労働者派遣制度の改正

労働者派遣の適用対象業務は、当初は派遣先の常用雇用者との代替のおそれの少ない専門的業務等の13業務のみであったが、1996（平成8）年には26業務に拡大され（「**専門26業務**」）、1999（平成11）年労働者派遣法改正により原則自由化された。現在、労働者派遣事業が禁止されているのは、港湾運送業務、建設業務、警備業務、医業や歯科医業などのみである。

専門26業務以外の業務については、派遣可能期間が最長1年に制限されていた。これは、労働者派遣制度を「臨時的・一時的な労働力の需給調整に関する対策」と位置づけるものである。2003（平成15）年労働者派遣法改正により、派遣可能期間が最長3年に延長されるとともに、製造業務における労働者派遣が解禁された。専門26業務については、派遣可能期間の制限はない。

❻ 2012（平成24）年労働者派遣法改正

2000年代後半から、「**ワーキングプア**」「**ネットカフェ難民**」「**日雇派遣**」「**派遣切り**」（派遣先による派遣契約解除）「**中途切り**」（派遣元による派遣労働者の中途解雇）「**派遣村**」など、労働者派遣が社会問題化した。

こうした状況をふまえて、2012（平成24）年に労働者派遣法改正が行われ、同年10月に施行された。改正法案の国会審議の過程で、登録型派遣と製造業務派遣の原則禁止案が削除された。「**登録型派遣**」とは、派遣元が派遣労働の希望者を登録しておき、派遣先に労働者派遣をする際に、登録者との間でその派遣期間にあわせて有期雇用契約を締結して、労働者派遣をするものである。

2012年労働者派遣法改正の内容は、以下のとおりである。
・日雇派遣の原則禁止
・グループ企業派遣の8割規制
・離職後1年以内の人をもとの勤務先に派遣することの禁止
・派遣元のマージン率などの情報提供義務化
・派遣元の派遣労働者への派遣料金の明示義務化
・派遣元の派遣労働者への待遇に関する事項などの説明義務化
・派遣先の都合で派遣契約を中途解除する場合の派遣先が講ずべき措置の義務化（派遣労働者の新たな就業機会の確保や休業手当等の支払に要する費用負担など）
・派遣元の有期雇用派遣労働者の無期雇用への転換推進措置の努力義務化
・派遣労働者の均等待遇の確保に関する派遣元と派遣先の義務化
・違法派遣の場合に派遣先が善意無過失の場合を除き派遣労働者に対して労働契約の申込み（直接雇用の申込み）をしたものとみなす制度（労働契約申込みみなし制度）の創設（2015年10月施行）。

❼　今後の労働者派遣法改正の動き

　厚生労働省「今後の労働者派遣制度の在り方に関する研究会報告書」（2013（平成25）年8月20日）は、専門26業務の廃止、同一の有期雇用派遣労働者の派遣先の同一の組織単位における派遣期間の上限（最長3年）設定（無期雇用派遣労働者は上限なし）や派遣期間の上限に達した派遣労働者への雇用安定措置の義務などが提言されている。

　こうした内容の労働者派遣法改正法案が、2014（平成26）年の通

常国会に提出される見込みである。

これに対し、規制改革会議雇用 WG では、2012（平成24）年改正により導入された日雇派遣の原則禁止、グループ企業派遣の8割規制、マージン率の明示義務と労働契約の申込みみなし制度について、廃止を含めた見直しが指摘されているが、改正されない見込みである。

❽ 派遣労働者の今後の働き方の希望

厚生労働省の2012（平成24）年派遣労働者実態調査結果によると、派遣労働者の今後の働き方の希望は、「派遣労働者として働きたい」（派遣希望）43.1％、「派遣社員ではなく正社員として働きたい」（正社員希望）43.2％、「派遣ではなくパートなどの正社員以外の就業形態で働きたい」4.2％となっている。

派遣による柔軟な働き方を望む人も多いことがわかるが、年齢別には、25～49歳では正社員希望の割合が高く、20～24歳と50歳以上では派遣希望の割合が高い。

派遣希望のうち、「常用雇用型」が80.4％、「登録型」が19.6％となっており、雇用の安定を望む人が多いことがわかる。

労働者派遣法の目的も、正社員の仕事を奪うべきではないとする「常用代替防止」から、「派遣労働者の保護」または「派遣労働の濫用防止」（実態にそぐわない派遣の利用や低処遇・不安定雇用の防止）に転換し、柔軟性と安定性を両立させることが重要である。

5 産休・育児休業制度

(1) 働く女性のための制度

働く女性にとって、仕事と出産・育児の両立は切実な問題である。問題を少しでも緩和するため、産休制度、育児休業制度と子が3歳になるまでの措置が用意されている。

(2) 産休制度

❶ 産休期間

産前6週間（多胎妊娠は14週間）と産後8週間の産休制度が、労働基準法により定められている。

❷ 出産手当金・出産育児一時金

健康保険と共済組合の被保険者は、産休期間中について、標準報酬日額の3分の2の「**出産手当金**」を支給される。これは、被保険者本人が出産のために仕事を休み、報酬を受けられないときの給付である。国民健康保険の加入者には支給されない。

これに対し、健康保険・共済組合と国民健康保険のいずれの被保険者またはその被扶養者が出産したときは、出産に要する経済的負担を軽減するため、「**出産育児一時金**」（42万円）の支給を受ける。

2014（平成26）年8月までに、産休期間の社会保険料（年金保険料・健康保険料）の免除制度が実施される予定である。

(3) 育児休業制度

❶ 共働き世帯の増加

共働き世帯の数をみると、1980（昭和55）年には専業主婦世帯の半数強であったが、1990年代に専業主婦世帯を上回り、2012（平成24）年には専業主婦世帯の1.3倍となっている（「2013年版労働経済白書」）。

❷ 概　　要

少子化対策の観点からも、仕事と育児の両立を支援するため、**「育児休業、介護休業等育児又は家族介護を行う労働者の福祉に関する法律」**（育児・介護休業法）は、労働者が事業主への**「育児休業申出」**により**「育児休業」**をすることができる育児休業制度を定めている。

事業主は、労働者からの育児休業申出・育児休業を理由として、労働者に対して解雇その他不利益取扱いをすることを禁止される。

❸ 利 用 者

労働者（日雇労働者を除く）は、事業主に育児休業申出ができる。有期被用者の場合には、継続雇用期間が1年以上であり、かつ、その養育する子が1歳を超えて継続雇用見込みがある場合に限り、育児休業申出をできる。

事業主は、労働者からの育児休業申出を拒むことができず、育児休業申出・育児休業を理由として、労働者に対して解雇その他不利益取扱いをすることを禁止される。ただし、労使協定で定めれば、継続雇用期間1年未満の者、申出日から1年以内に雇用関係が終了

することが明らかな者または1週間の所定内労働日数2日以内の者からの申出については、拒むことができる。

❹ 育児休業期間

育児休業期間は、原則として子が1歳になるまでである。

父母ともに育児休業を取得する場合には、子が1歳2か月に達するまでの間に、1年間（出生日以降の産休期間との合計）まで休業できる（「**パパ・ママ育休プラス**」）。

父母のいずれかが子の1歳になる日に育児休業をしていて、保育園の申込みを行っているが入所できていないなどの場合には、子が1歳6か月に達するまで、育児休業できる。

❺ 育児休業給付金と社会保険料免除

雇用保険の被保険者は、育児休業期間中に、「**育児休業給付金**」の支給を受けることができる。育児休業給付金は課税されない。

1か月ごとの支給額は、休業開始前の賃金月額の50％である。男女ともに育児休業開始時から最初の6か月について67％の給付率とする案が検討されている。

育児休業期間中の社会保険料（年金保険料・健康保険料）は免除されている。

❻ 育児休業の取得状況と復職状況

厚生労働省「平成24年度雇用均等基本調査」（2013（平成25）年7月4日）によると、育児休業制度の社内規定のある事業所の割合は、事業所規模500人以上で99.9％、100～499人で98.4％、30～99人で93.0％、5～29人で67.3％であった。

育児休業の取得者の割合は、女性が83.6％（有期契約労働者は

71.4％）、男性が1.89％（有期契約労働者は0.24％）であった[10]。育児休業の取得期間は、女性の69.9％が8か月〜18か月未満（10か月〜12か月未満が33.8％）、男性の75.5％が1か月未満（5日未満が41.3％）であった。現実には「**イクメン**」は厳しい道のりである。

育児休業後の復職状況は、女性が89.8％（退職者が10.2％）、男性が99.6％（退職者が0.4％）であった。

(4) 子が3歳になるまでの措置

❶ 勤務時間短縮措置

事業主は、労働者（日雇労働者と1日の所定労働時間6時間以下の者を除く）が3歳未満の子の養育している場合（育児休業中を除く）、その申出により、1日の所定労働時間を原則として6時間とする勤務時間短縮措置（「**所定労働時間の短縮措置**」）を講じる義務を負う。

ただし、労使協定で定めれば、継続雇用期間1年未満の者、1週間の所定内労働日数2日以内の者または勤務時間短縮措置が困難な業務に従事する者については、除外される。この場合、事業主は、勤務時間短縮措置が困難な業務に従事する者について、「**始業時刻変更等の措置**」（育児休業に準ずる措置、フレックスタイム、始業・終

---

10 育児休業取得率の分母は、出産者（男性の場合には配偶者が出産した者）である。竹信三恵子『家事労働ハラスメント―生きづらさの根にあるもの』（岩波新書、2013）36頁では、「妊娠がわかってもやめずに働き続けた人たちのうちの8割、9割が育休をとったということにすぎない。出産前に仕事をやめてしまった半数を超す女性たちは、そもそも勘定に入っていないのである」と指摘されている。

業時刻繰上げ・繰下げ、3歳未満の子の保育施設の設置運営など）を講じる義務を負う。

❷ 所定外労働の免除

事業主は、3歳未満の子の養育している労働者（日雇労働者を除く）の請求により、事業の正常な運営を妨げる場合を除き、所定労働時間を超えて労働させることを禁止されている。

ただし、労使協定で定めれば、継続雇用期間1年未満の者または1週間の所定内労働日数2日以内の者については、除外される。

❸ 不利益取扱いの禁止

事業主は、勤務時間短縮措置の申出、所定外労働の免除の請求またはこれらの措置を理由として、労働者に対して解雇その他不利益取扱いをすることを禁止される。

(5) 子が小学校就学までの措置

❶ 子の看護休暇

小学校就学前の子を養育する労働者（日雇労働者を除く）は、事業主への申出により、1年度において5労働日（養育する小学校就学前の子が2人以上いる場合には10労働日）の「**子の看護休暇**」を取得できる。

子の看護休暇は、負傷し、もしくは疾病にかかった子の世話または子に予防接種・健康診断を受けさせるための休暇である。

事業主は、労働者の申出を拒むことができない。ただし、労使協定で定めれば、継続雇用期間6か月未満の者または1週間の所定内労働日数2日以内の者の申出については、拒むことができる。

2012（平成24）年度調査によると、小学校就学前までの子を持つ女性労働者に占める子の看護休暇取得者の割合は26.1％、男性労働者に占める子の看護休暇取得者の割合は3.1％であった。

❷ 時間外労働の制限

事業主は、小学校就学前の子を養育する労働者（日雇労働者を除く）の請求により、事業の正常な運営を妨げる場合を除き、1か月24時間かつ1年150時間を超える時間外労働をさせることを禁止される。

ただし、継続雇用期間1年未満の者または1週間の所定内労働日数2日以内の者については、除外される。

❸ 深夜業の免除

事業主は、小学校就学前の子を養育する労働者（日雇労働者を除く）の請求により、事業の正常な運営を妨げる場合を除き、深夜（午後10時から午前5時までの間）における労働をさせることを禁止される。

ただし、継続雇用期間1年未満の者、深夜就業していない16歳以上の同居の家族がいる者、1週間の所定内労働日数2日以内の者または所定労働時間が全部深夜にある者については、除外される。

❹ 不利益取扱いの禁止

事業主は、子の看護休暇の申出、時間外労働の制限の請求、深夜業の制限の請求またはこれらの措置を理由として、労働者に対して解雇その他不利益取扱いをすることを禁止される。

6 介護休業・休暇制度

(1) 仕事と介護の両立

　超高齢化社会の進展に伴い、すべての働く人にとって、仕事と介護の両立が課題になりつつある。

　仕事と介護の両立を支援するため、育児・介護休業法は、労働者（日雇労働者を除く）について、①介護休業制度、②介護休暇制度、③勤務時間短縮等措置、④時間外労働の制限と、⑤深夜業の免除の制度を定めている[11]。

　いずれの制度についても、事業主は、労働者からの制度利用の申出を拒むことができず、申出・利用を理由として、労働者に対して解雇その他不利益取扱いをすることを禁止される。ただし、介護休業と介護休暇については、事業主は、労使協定で定めれば、継続雇用期間1年未満（介護休暇については6か月未満）の者または1週間の所定内労働時間2日以内の者などからの申出については、拒むことができる。

(2) 「要介護状態」と「対象家族」

　「要介護状態」とは、負傷、疾病または身体上・精神上の障害により、2週間以上の期間にわたり常時介護を必要とする状態をい

---

[11] 上野千鶴子＝古市憲寿『上野先生、勝手に死なれちゃ困ります―僕らの介護不安に答えてください』（光文社新書、2011）参照。

う。

「**対象家族**」とは、配偶者(事実婚関係にある者を含む)、父母、子、労働者が同居かつ扶養している祖父母・兄弟姉妹・孫と配偶者の父母をいう。

(3) 介護休業制度

❶ 概　要

介護休業制度は、労働者が事業主への「**介護休業申出**」により「**介護休業**」をすることができる制度である。

「介護休業」とは、労働者が要介護状態にある対象家族を介護するためにする休業をいう。「**介護休業期間**」は、対象家族1人につき93日までである。

有期被用者の場合には、継続雇用期間が1年以上であり、かつ、介護休業開始予定日から93日経過日を超えて引き続き雇用される見込みがある場合に限り、介護休業申出をできる。

雇用保険の被保険者は、1回の介護休業期間（最長3か月）中に、「**介護休業給付金**」の支給を受けることができる。1か月ごとの支給額は、賃金月額の40％である。

❷ 介護休業の利用状況

2012（平成24）年度調査によると、介護休業制度の社内規定のある事業所の割合は、事業所規模500人以上で99.9％、100〜499人で96.8％、30〜99人で87.5％、5〜29人で60.0％であった。

介護休業の取得者がいた事業所の割合は1.4％であった。介護休業者の男女比は、女性79.5％、男性20.5％であった。

第3章　仕事のリスク管理

介護休業期間は、81.2％が2週間〜1年未満（1か月〜3か月未満が29.6％、2週間〜1か月未満が20.4％）であった。

(4) 介護休暇制度

　介護休暇制度は、労働者が事業主への申出により「**介護休暇**」をすることができる制度である。

　労働者は、①対象家族の介護、または②対象家族の通院等の付添い、対象家族が介護サービスの提供を受けるために必要な手続の代行その他の対象家族の必要な世話を行う場合に、介護休暇申出ができる。

　介護休暇期間は、1つの年度に5労働日（要介護状態にある家族が2人以上の場合には10労働日）である。

(5) 勤務時間短縮等措置

　勤務時間短縮等措置は、事業者に対し、要介護状態にある対象家族を介護する家族労働者の申出に基づき、勤務時間短縮（所定労働時間の短縮）、フレックスタイム、始業・終業の繰上げ・繰下げや介護サービス利用費用助成などの措置を義務づけるものである。

　勤務時間短縮等措置の実施期間は、介護休業とあわせて93日までである。

(6) 時間外労働の禁止と深夜業の免除

　時間外労働の禁止と深夜業の免除は、対象が要介護状態にある対象家族を介護する労働者である点を別にすれば、小学校就学前の子

を養育する労働者に関するものと同様である。

7 体験的「リスク管理」転職編

(1) 転　職

　私は、1986（昭和61）年4月から23年間ほど国家公務員（いわゆる霞が関のキャリア官僚）をした後に、2009（平成21）年8月に、46歳で企業法務を行う大手法律事務所に所属する弁護士に転職した。「有期契約弁護士」であるから、「非正規弁護士」である。

　転職した直接の契機は、東京大学客員教授として出向中に、現在所属する西村あさひ法律事務所のシニアの弁護士から転職の誘いを受けたことである。私は、もともとは中途で転職するつもりはなく、転職の誘いには驚いた。もう少し官僚の仕事を続けたいとの迷いもあった（特に「課長」になりたいと思っていた）が、いろいろと考えて転職を決断した[12]。**「転職の誘いを受けるうちが花」**である。転職の直前には離婚もしたので、2009年は私の人生にとって大きな「転機」の年であった。

12　堀紘一『一番いいのはサラリーマン』（扶桑社文庫、2002）も読んでいたが、江上剛『会社を辞めるのは怖くない』（幻冬舎新書、2007）や高任和夫『依願退職』（講談社文庫、2002）も読んでいた。

(2) 「官僚バッシング」問題

官僚についていえば、いわゆるキャリア官僚の仕事は、国の公共政策を企画・立案して実施することにより、国の安全・安定の確保、経済の発展や国民生活の向上に貢献するという「やりがい」のある仕事である。

その一方、世間や報道機関などからの批判的な眼に常にさらされているなかで、政治家・利害関係者などとの調整、組織内の調整や組織の掟との折り合いなど、かなり負荷（ストレス）のかかる仕事である。それにもかかわらず、一時的に給与を10％カットされていた。

確かに官僚の仕事振りには、「**省益優先**」の「**内向き思考**」の傾向があること、業務の効率化を進めるインセンティブに乏しく、自らにメスを入れる「**自己改革**」ができないなどの問題がある。また、日本全体の高齢化の進行にあってはいるが、退職年齢の事実上の引上げにより「出世」が従来よりも遅くなっており、「若いうちからやりがいのある仕事ができる」との従来の職業としての官僚の魅力が低下しつつある面もある。

しかし、官僚は日本の将来にとって重要な公共政策の担い手であり、単なる感情的な「官僚バッシング」はやめてもらいたいと思う。

(3) 財 務 省

霞が関の官庁のなかでも、財務省は最も注目されることが多い。

最近でも、消費税率引上げもあって、財務省が影で「暗躍」しているなどと取り上げられることがある。しかし、**財務省支配**」は幻想である。

財務省が真に強力であれば、日本の財政状況がここまで悪化することはなかったであろう。財務省が取り扱う財政と税制は政治そのものであり、財務省はその時々の政権と一体となって財政政策を遂行してきたのが実情である。財務省が、本来は政治家が行うべき政治的な調整にまで踏み込んでいるのは確かである。しかし、政治家同士が十分調整しないから、財務省がやむを得ず責任を負わされている面がある。

民主主義では、「自助」の意識が薄れると、「自分は応分の負担をせずに他人の負担を当てにして要求を行う者」が増え、選挙を意識する政治家が短期的な視野で「世論」におもねり、予算要求を行う官庁が財源を考えずに予算拡大を志向することによって、「**借金依存・歳出膨張**」になりがちである。

「**納税者**」としては、税金を大事に有効に使ってほしいと願う。求められるのは、むしろ自己改革できる「**強い財務省**」による聖域なき財政規律（予算支出削減）である。

(4) 金融庁

❶ 金融庁の発足

金融庁は、「**財政・金融の分離**」の考え方から、2000（平成12）年7月に当時の金融監督庁と大蔵省金融企画局が統合して発足した官庁である。金融行政全般を担う。金融庁は、内閣府に置かれてお

第3章 仕事のリスク管理

り、その長は内閣総理大臣であるが、「**金融担当大臣**」が置かれている。

　金融庁の前身である「**金融監督庁**」は、住宅金融専門会社（住専）への公的資金注入（6,850億円）の決定（1996（平成8）年12月）をきっかけに、大蔵省批判が巻き起こり、大蔵省から金融機関などの監督・検査・監視行政を分離して、1998（平成10）年6月に発足した。私は、大蔵省大臣官房課長補佐として、1996年4月から1998年7月まで、この「**金融行政機構改革**」の実務作業の法令担当であった。

　私は、2001（平成13）年7月に財務省から金融庁に異動して、2009（平成21）年7月に退職するまで金融庁に在籍した。

❷ 金融庁の拡大

　金融監督庁の定員は403人（1998（平成10）年6月）、金融庁の定員は766人（2001（平成13）年1月）であったが、現在の金融庁の定員は1,547人（2014（平成26）年3月末）である。このように金融庁の組織・人員は拡大している。

❸ 金融庁の金融行政のプラス面

　金融庁は、「明確なルールに基づく透明かつ公正な金融行政の徹底（市場規律と自己責任の原則）」を標榜して、発足した。金融行政は、「金融システムの安定」「利用者の保護」「公正・透明な市場の確立と維持」を目的とする。

　金融庁の金融行政のプラス面として、第1に、金融行政の3つの目的を実現し、「**有事**」（金融機関の不良債権問題）から「**平時**」（健全な金融システム）に円滑に移行させたことである。第2に、金融

に関するミクロの専門的な行政を行っていることである。第3に、財政と金融の関係が透明になっていることである。

❹　金融庁の金融行政の問題

金融庁の金融行政の問題として、第1に、「安定」「保護」「公正・透明」が重視されるため、金融・資本市場と金融産業の「活力」「競争力」が相対的に軽視されることである。民間的思考（金融産業の「商売」（収益力））への配慮が求められる。

第2に、少子高齢化・人口減少の時代認識や経済成長といったマクロ的思考が弱いことである。旧大蔵省的思考（マクロ的思考とバランス感覚）が求められる。

第3に、政策よりエンフォースメント重視の裁量的な権力行政であり、特に検査・監視が独立して監督的機能を事実上発揮していることである。政策力の強化が求められる。

第4に、予算規模が小さく政策予算に乏しいため、政治への脆弱性があり、特に金融担当大臣の影響が大きく、金融行政の一貫性に問題があることである。

❺　金融庁の金融行政の変化と課題

最近の金融庁は、これらの問題を克服し、金融行政を変えようとしていると評価できる。

たとえば「**ベターレギュレーション（金融規制の質的向上）**」（2007（平成19）年7月）、「金融検査5原則」（2008（平成20）年8月）、官民「共働」の収組みとしての「**官民ラウンドテーブル**」の開催（2012（平成24）年9月）や「平成25事務年度金融モニタリング基本方針」（2013（平成25）年9月）などである。

また、財務大臣が金融担当大臣を兼務することにより、政治への脆弱性の問題が緩和されていると評価できる。

　今後の課題として、「超年功序列」や2年ごとの頻繁な人事異動といった旧態依然の官庁的人事体系の改革と専門的能力の一層の向上が求められる。

(5) 「半沢直樹」と銀行員

　TBS日曜劇場「半沢直樹」（2013（平成25）年7～9月）の高視聴率が話題になり、銀行員の生き様や「**金融庁検査**」のあり方が注目されている。

　もちろん私は銀行員や証券マンの経験はないが、仕事でお付き合いすることが多い。また、官僚や銀行員が主人公の経済小説をよく読んでいる。銀行員物としては、「半沢直樹」の原作者の池井戸潤氏や江上剛氏の作品などを読んできた。

　銀行は、官庁と同じく、世間の批判をあびやすい。民間企業である銀行と公的機関である官庁を同列に扱うのはおかしいと思うが、おそらく銀行の業務の公共性、公的資金を注入されたことや銀行の影響力の大きさからであろう。

　実際、リーマンショック（2008（平成20）年9月）により資本市場の機能が低下した際には、名だたる大企業も資金調達を銀行に頼るようになった。金融庁は、2002（平成14）年には、「**産業金融モデル**」（銀行中心の預金・貸出による資金仲介）よりも「**市場金融モデル**」（価格メカニズムが機能する市場を通ずる資金仲介）を重視する「**市場機能を中核とする複線的金融システムへの再構築**」を目指し

ていた[13]。しかし、市場発の世界的な金融危機であるリーマンショック後は、方向転換して、「複線的な金融システムの構築」は引き続き重要であるとしつつも（ただし「市場機能を中核とする」は消えている）、**「銀行部門・市場部門でバランスのとれた金融仲介」**が目指されている[14]。

　銀行は組織力があり、銀行員は総じて、真面目・堅実で協調性があって礼儀正しく、勉強熱心であり、年功序列の「縦社会」の経験の少ない弁護士よりも、社会人として「基礎力」が高い。**「狩猟系」**で活力のある証券マンに比べると、銀行員は**「農耕系」**といえる。これは、**「ストックベース」**を特徴とする銀行ビジネスと**「フローベース」**を特徴とする証券ビジネスというビジネスモデルの違いを反映していると思われる。日本では、金融庁が銀行当局兼証券当局であるが、外国では銀行当局と証券当局が分かれているところがあり、国際会議で会ってみると、銀行と証券会社のカルチャーの違いと同様に銀行当局と証券当局のカルチャーの違いがみられて、興味深かった。ただ、現在は、銀行も手数料ビジネスによる「フローベース」に注力し、証券会社も顧客資産残高の積上げによる「ストックベース」に注力しているので、現在は両者の違いは相対的であり、多様な人材が求められている。

　銀行員の事実上の定年は一般企業よりもかなり早く、50歳前後で

13　日本型金融システムと行政の将来ビジョン懇話会「金融システムと行政の将来ビジョン」（2002年7月12日）と金融審議会答申「中期的に展望した我が国金融システムの将来ビジョン」（2002年9月30日）参照。
14　金融審議会金融分科会基本問題懇談会報告「今次の金融危機を踏まえた我が国金融システムの構築」（2009年12月9日）参照。

あり、「**出向**」の形で転職することになるようである[15]。もちろん銀行員人生における中途の出向は、他社で仕事を経験できる有益な機会であり、転職としての出向とは異なる。銀行員は、早い段階から出向を視野に入れた職業人生を設計する必要がある。

(6)　「若い頃に一生懸命に勉強」

「人生のリスク管理」の観点からすると、第1に、私が転職できたのは、学生時代（1985（昭和60）年）に司法試験に合格していたからこそである。「若い頃に一生懸命に勉強する」ことはやはり重要である。

私の受験の動機は、当時は司法試験が日本一難関の国家試験（合格率約2％）であるといわれていたことである。また、大蔵省派遣による米国のロースクール留学や司法修習生への出向を通じて、法律を勉強する機会を与えていただいたことに感謝している。

(7)　「30代に一生懸命に仕事」

第2に、私は、20代にはそれほど一生懸命仕事をしていたとはいえないが、大蔵省（財務省）・金融庁の30代の課長補佐時代に一生懸命仕事をしたことがある。

大蔵省は厳しい職場であり、「**人材鍛錬道場**」であった。大蔵省1年目の仕事は、新聞切り抜き、コピー取り、書類配り（廊下とん

15　「半沢直樹はどこにいる？　頼れる銀行・頼れない銀行」『週刊ダイヤモンド』2013年9月21日号特集や「銀行員　本音と辞めない訳　それでも就職では超人気」『AERA』2013年11月4日号参照。

び)、清書や苦情電話対応などの雑務が中心であり、当時は嫌気がさして時々辞めたい気持ちとなったが、おかげで今でもコピー取りは得意である。

　30代の課長補佐時代の仕事を通じて、マクロ的思考、調整力、法令企画立案力や国際対応力が身についた。これは、金融庁の管理職時代における国際対応力、法令企画立案力や調整力の実践につながった。特に、1996（平成8）年から1998（平成10）年にかけて、「金融行政機構改革」（大蔵省から金融行政機能の分離＝金融監督庁の設置（1998年6月））について、法令担当の課長補佐として仕事をした際には、内閣法制局の法令審査を受ける過程で、法令企画立案力を随分と鍛えられた。

　現在の民間弁護士の仕事は、実務の前線の仕事であり、官庁でいえば管理職ではなく、課長補佐の仕事に相当する。顧客である金融機関などにおいて実務の前線を担っているのも30代が中心である。私が50歳になっても、こうした30代の担当者の相談に応じて実務の先端の仕事ができるのも、30代の課長補佐時代に鍛えられたおかげである。ただ、30代の課長補佐時代の夜型生活が未だに続いていることは、健康の観点から、問題かもしれない。

　さらに、官庁の仕事の経験は、マクロ的思考など、視野を広げてくれた。私は、民間弁護士の今でも公共政策への関心は高く、政治家の勉強会などに参加しており、官僚とは別の立場から公共政策や公共の利益に貢献できることを願っている。

⑻ 「非主流マイナー」の「プロフェッショナル」

第3に、「非主流マイナー」の「プロフェッショナル」であることが結果的に時代にマッチしたように思う。

私は、家系もあってもともと「専門職志向」があった。高校2年生までは医学部志望であったが、一時的に成績が低迷したために文系に転じたという「挫折感」があり、そこから復活したいという意識があった。

私が大蔵省に入省した1986（昭和61）年頃は、幅広い仕事を経験する「ジェネラリスト」がメジャーであり、専門家である「スペシャリスト」はマイナー視されていたように思う。私は、大蔵省（財務省）では財政部局の経験のない「非主流マイナー」であった。大臣官房における調整仕事も多かったが、主として法律関係と国際関係のキャリアパスを歩んでいた。私は、高邁な理想を標榜する「脱藩官僚」ではなく、**「脱落官僚」**である。

ところが、時代は変わって、今の時代は、少数の「マネジメント層」以外には「ジェネラリスト」へのニーズは高くなく、幅広い視野を有する専門家である「プロフェッショナル」が求められているように思われる。**「非主流マイナーであることが結果的に幸い」**したわけである。

大手法律事務所においても、M&A（企業の合併・買収）などのコーポレート関係業務などが主流であり、私の業務はマイナーであるが、特殊な経歴と専門性というマイナーの強みはやはりあるように思う。

(9) 転職年齢

第4に、転職時の年齢として、40代半ばで転職して良かったと思う。仮に記憶力・集中力・体力の低下する50歳頃に転職すると、新しい仕事に慣れるのにより苦労したに違いない。転職には「**変化への適応力**」が必要である。

私は、現役官僚には、一般論として、50歳近くになってからは、中途で転職せずに、国家公務員人生を全うすることをお勧めしている。

(10) 弁護士業

❶ 自己管理型

第5に、弁護士のような「**自己管理型**」の職業が結果的に私に向いていることである。弁護士は、自営業として、公務員や会社員一般よりも、仕事の自由度は高いといえる。その半面、終身雇用ではなく、収入の保障もなく、退職金もない[16、17]。ある年に仕事が順調であっても、翌年はどうなるかわからず、毎年ゼロからのスタートに近い。

---

16 現代の「貧困のサイクル」に関する解説書として今野晴貴『生活保護―知られざる恐怖の現場』（ちくま新書、2013）、小説として福澤徹三『東京難民（上）（下）』（光文社文庫、2013）参照。また、福澤徹二『もうブラック企業しか入れない』（幻冬舎新書、2013）参照。
17 私が会員である第二東京弁護士会の会報である「二弁フロンティア」の2013年7月号は「老後・病気に対する備え―弁護士の年金と保険」を特集している。

第3章　仕事のリスク管理　97

❷　法務サービス業

　弁護士は、「基本的人権を擁護し、社会正義を実現とすることを使命とする」（弁護士法１条）という公共的機能を担うが、一種の**「営業職」**として、自分で弁護士報酬を稼ぐ必要がある。顧客から報酬をいただく点は公務員との大きな違いである。

　自己を**「ブランディング」**しての**「マーケティング」**が重要となる。顧客に高品質のリーガル・サービスを提供して、顧客の満足度を維持・向上させ、顧客の信頼を勝ち取り、顧客にリピーターになってもらうことが、基本的な考え方である。

　私はせいぜい**「武士の商法」**程度であろうが、顧客と法律事務所の同僚に助けられている。やはり少しでも**「稼ぐ力」**は大切で、**「生きる力」**が強くなるような感じがする。

❸　激　　務

　企業法務の弁護士には、国内・国外の顧客（クライアント）のニーズに対応するため「365日仕事」「24時間仕事」というハードな「法務サービス業」という面があり、仕事時間は長く生活や睡眠が不規則となりがちである。**「自由業の不自由」**と呼ばれる現象である。

　私は、2012（平成24）年11〜12月に業務多忙のあまり風邪をこじらせて「肺炎」になったが、平日の仕事は休まなかったほどである。

❹　適　　性

　しかし、私の場合には、①自らが好きな法律という専門的な仕事を継続的にできること（**「好きこそものの上手なれ」**）、②（官僚のクラ

イアントといえる国会議員が必ずしも論理的ではなく感情的なところがあるのに対し）経済合理性を重視する一流のクライアントに恵まれていること、③所属する西村あさひ法律事務所も私の自由度を認めていて、基本的に「同僚」はいても「上司」も「部下」もおらず、管理・調整コストが低いこと、④大学客員教授として研究・教育活動にも従事できていることなどから、官僚時代よりもストレスは相当少ないように感じる。

おかげで、日本皮膚科学会ガイドライン（2010（平成12）年4月）における推奨度の高い医薬品の効果もあって、官僚時代には進行していた頭髪の後退が止まって、多少復活したように思う[18]。

(11) 向 上 心

第6に、将来の保障のない「プロフェッショナル」であるだけに、過去の業績に安住することなく、「**好奇心**」をもって、時代の変化に適応して常に自らを「**向上**」させる努力を尽くす必要がある。これは、私の「**過去から教訓を得て、現実を直視し、現在と将来を考える前向きの姿勢をとる**」との考え方に合う。

(12) 法曹界と法科大学院生

❶ 法曹界の現状

現在は、「需要」と「供給」により価格が決まる市場メカニズムのもとで、法科大学院（ロースクール）制度の創設に伴う弁護士供

---

18 楠木建『経営センスの論理』（新潮新書、2013）では、「攻撃は最大の防御——極私的な事例で考える」として、頭髪と体格の問題を取り上げている。

第3章 仕事のリスク管理 99

給の増加により、新人弁護士の就職難や弁護士報酬の下落が生じている。法曹志望者は激減しているようである[19]。また、むしろベテラン弁護士による不祥事が増加しており、法曹界の職業威信は残念ながら低下しているように思う[20]。私は、法科大学院で非常勤の客員教授（金融商品取引法の担当）をしており、こうした現状を心配している。

❷ 法曹界の使命

日本は「**法の支配**」のある「**法治国家**」であり、これを担保するために憲法上司法権が独立している。単なる業界問題ではなく、日本のために適正な法曹界が必要である。

弁護士会は、弁護士について「社会生活上の医師」と標榜している。法律家と関わりを持たずに人生を過ごす人は相当数いるであろうが、誰でも生まれるときと死ぬときには医師のお世話になるように、医師と関わりなく人生を送れる人はいないであろう。東日本大震災の際に実感したが、医師と法律家とでは、生活必需度が違う。

しかし、医師の活動も法律でその枠組みが定められているように、重要な経済社会活動には法律による枠組みが定められている。法律家は、こうした枠組みが適正に整備・運用されるよう貢献するという重要な使命がある。

---

19 「二弁フロンティア」2012年12月号は「データでみる『法曹志望者の激減』」を特集している。
20 今野晴貴『ブラック企業ビジネス』（朝日新書、2013）では、「貧困化の果てに─変容する弁護士界」が取り上げられている。

❸ 法科大学院の現状と法科大学院生の現実的対応

　法科大学院制度の問題は、法曹になるために必要な時間と費用がかかる割に、合格率（2013（平成25）年司法試験合格率26.8％）が低いことである。

　優秀な現役大学生・大学院生が「**司法試験予備試験**」（合格者は法科大学院を修了しなくても司法試験の受験資格を得られる）を目指すことにも、相応の理由がある。司法試験予備試験の合格者は増加しており（2011（平成23）年：116人、2012（平成24）年：219人、2013年：351人）、事実上旧司法試験化が進んでいる。

　法科大学院制度の抜本的な見直しは不可避であると思うが、現役の法科大学院生は、現在の制度のもとで生き残る（サバイブ）しかない。現実には「**受験はテクニック（技術）**」の面があり、答案練習（答練）など司法試験対策の重要性を指摘したい。私も、司法試験予備校に通って答練を重ねたことが、司法試験合格に役に立った。

8　体験的「リスク管理」男女共同参画編

(1)　プライベート編

　私は、「**雇用の分野における男女の均等な機会及び待遇の確保等に関する法律**」（男女雇用機会均等法）が施行された1986（昭和61）

年4月に社会人となった。その後、働く女性や共働き夫婦の増加は著しい。私は個人的に、従来は高学歴のキャリアウーマンを好んでいた。

しかし、日本の職場は依然として「**男性優位の構造**」にあるようである[21]。いろいろな会議や会合に出席しても、私のような中高年男性が圧倒的に多い[22]。これに対し、私が官庁の国際関係担当時代に出席していた国際会議では、相応の地位に就いて活躍している女性が多くみられた。

私はプライベートでは、育児・介護休業法の目的に定められている「職業生活と家庭生活との両立」を上手くできなかったと言わざるを得ない。

私は、高校時代から親元を離れていたせいもあって、一人暮らしが長く、料理以外の家事はひととおりできるつもりである。また、司法修習生時代には、共働きであったこともあり、子供の保育園への送り迎えもしていた。

しかしながら、基本的には「男は仕事中心」との「**昭和男**」的な発想があることもあって、出産・育児の負担が女性に重くなっていたことは認めざるを得ない[23]。東日本大震災をきっかけに「**絆**」が注目されたが、出産・育児を通じた母子の絆の強さにはかなわな

21　働く女性の大変さについては、上野千鶴子『女たちのサバイバル作戦』（文春新書、2013）参照。
22　「女性昇進バブル　我が社の救世主か疫病神か」『日経ビジネス』2013年8月26日号や「職場のお荷物か？　戦力か？　ワーキングマザー」『週刊東洋経済』2013年8月31日号参照。
23　内田明香＝坪井健人『産後クライシス』（ポプラ新書、2013）参照。

い。昭和男の拠り所は仕事を通じた「**経済力**」であるが、平成時代ではプライベートにおける日常生活・家事を大切にする姿勢や「**愛嬌**」が必要であろう。

(2) 仕事編

女性は、長時間仕事をする体力では、男性より弱いことは否めない。一方、女性は、柔らかく顧客対応すること、仕事にコツコツ取り組むことや組織と適度に距離を置くことなどにおいて、男性より優れているところがある。外資系金融機関の法務・コンプライアンス部門では、枢要な地位で活躍している女性が多く、国内金融機関でも最近は女性が増加している。

私の専門の金融規制・コンプライアンスの仕事も、女性に向いている仕事である。また、私は、男性弁護士には厳しめになるが、女性弁護士には優しくなりがちである。そこで、私は、法律事務所における仕事では、女性弁護士といっしょに仕事をすることが多い。

(3) 家族観の変化

最高裁判所の大法廷決定（2013（平成25）年9月4日）は、非嫡出子の法定相続分を嫡出子相続分の2分の1とする民法の規定（民法900条4号ただし書前段）について、遅くとも2001（平成13）年7月当時において憲法14条1項（法の下の平等）に違反していたと判断した。この最高裁決定は、家族観の変化を示しており、興味深い。

最高裁決定は、まず、「戦後の急速な経済の発展の中で、職業生活を支える最小単位として、夫婦と一定年齢までの子どもを中心と

する形態の家族が増加」したと指摘している。「**核家族**」であり、夫婦と子供2人を「**標準世帯**」とする家族観である。

　次に、「昭和50年代前半頃までは減少傾向にあった嫡出でない子の出生数は、その後現在に至るまで増加傾向が続いているほか、平成期に入った後においては、いわゆる晩婚化、非婚化、少子化が進み、これに伴って中高年の未婚の子どもがその親と同居する世帯や単独世帯が増加しているとともに、離婚件数、特に未成年の子を持つ夫婦の離婚件数及び再婚件数も増加などしている。これらのことから、婚姻、家族の形態が著しく多様化しており、これに伴い、婚姻、家族の在り方に対する国民の意識の多様化が大きく進んでいることが指摘されている」と指摘している。

　家族観の変化については、最高裁決定の指摘のとおりである。「保守派」といわれる政治家などが最高裁決定に反対しているようである。しかし、真の「**保守**」とは、時代の変化に柔軟に適応して、「**持続**」を図ることである。少子化が進んでいる状況では、旧来の価値観に固執していると、「持続」自体が困難となるおそれがある。「多様化（ダイバーシティ）」を許容する度量が求められる。

第 4 章 住まいのリスク管理

1　老後の住まい

「衣食住」といわれるように、住まいは、あらゆる世代にとって生活の基盤である。老後に「安定」した住まいを確保することが「安心」につながる。加えて、老後の住まいには、介護を受けやすいという点が重要となる[1]。

2　高齢者向け施設・住宅の種類

(1)　老人福祉法と高齢者住まい法

高齢者向け施設・住宅について定める主な法律として、「**老人福祉法**」と「**高齢者の居住の安定確保に関する法律**」(いわゆる「高齢者住まい法」)がある。

老人福祉法は、厚生労働省の所管する法律である。福祉施策の観点から、厚生労働省において普及を進めている高齢者向け施設について定めている。

高齢者住まい法は、国土交通省と厚生労働省の共管する法律であ

1　「介護で選ぶ老後の住まい」『週刊東洋経済』2012年10月20日号、「親子で選ぶ老後の住まい　老人ホームVSサービス付き高齢者住宅」『週刊ダイヤモンド』2013年4月27日・5月4日号や「介護ショック　2015年から介護保険改正で負担増　どうするお金と住まい」『週刊東洋経済』2013年12月14日号参照。

106

る。住宅政策の観点から、主として国土交通省において普及を進めている高齢者向け賃貸住宅について定めている。

最近では、「**医療から介護へ**」と「**病院・施設から地域・在宅へ**」との政策方針がとられており、高齢者向け賃貸住宅の供給が促進されている。

(2) 老人福祉法の定める施設

❶ 老人福祉施設

老人福祉法では、第1に、「老人福祉施設」である「**養護老人ホーム**」「**特別養護老人ホーム**」と「**軽費老人ホーム**」（ケアハウス）が定められている。

養護老人ホーム・特別養護老人ホーム・軽費老人ホームを経営する事業は、社会福祉法において「第一種社会福祉事業」と位置づけられている。第一種社会福祉事業は、国、地方公共団体または「**社会福祉法人**」が経営することを原則とされている。

老人福祉施設には、養護老人ホーム・特別養護老人ホーム・軽費老人ホームのほか、「**老人デイサービスセンター**」「**老人短期入所施設**」（ショートステイ）、老人福祉センターと老人介護支援センターがある。

❷ 有料老人ホーム

第2に、「有料老人ホーム」が定められている。有料老人ホームは、株式会社を含む民間の設置者が都道府県知事への届出により設置できる。

有料老人ホームは、老人を入居させ、入浴・排せつ・食事の介

護、食事の提供、洗濯・掃除等の家事または健康管理（「介護等」）の供与をする事業を行う施設である。

有料老人ホームの設置者は、①入所者または入居しようとする者に対する入居契約に関する重要事項説明書面の交付義務、②家賃・敷金・介護等費用以外の権利金等の授受の禁止、③前払金算定基礎の書面明示義務と前払金返還債務の保全措置義務、④一定期間経過前の入居・介護等契約解除・終了の場合における一定の前払金返還義務（初期償却制限）を課されている。

老人福祉法に基づき「**公益社団法人全国有料老人ホーム協会**」が設立されている。

❸ グループホーム

第3に、「認知症対応型老人共同生活援助事業」の対象となる共同生活を営む住居（グループホーム）が定められている。都道府県知事への届出により設置することができる。

グループホーム事業を行う者は、①家賃・敷金・介護等費用以外の権利金等の授受の禁止、②前払金算定基礎の書面明示義務と前払金返還債務の保全措置義務、③一定期間経過前の入居・介護等契約解除・終了の場合における一定の前払金返還義務（初期償却制限）を課されている。

(3) 高齢者住まい法の定める「サービス付き高齢者向け住宅」

❶ サービス付き高齢者向け住宅制度の概要

高齢者住まい法では、「**サービス付き高齢者向け住宅**」（高齢者向

けの賃貸住宅または有料老人ホーム）が定められている。

「**サービス付き高齢者向け住宅事業**」を行う者は、サービス付き高齢者向け住宅を構成する建築物ごとに、都道府県知事の登録を受けることができる。都道府県知事は、「**サービス付き高齢者向け住宅登録簿**」（「**登録簿**」）に、サービス付き高齢者向けサービス向け住宅事業（「**登録事業**」）を登録する。登録の有効期間は5年であり、更新可能である。

登録簿には、登録事業によるサービス付き高齢者向け住宅（「**登録住宅**」）についての一定の事項が掲載される。

❷ サービス付き高齢者向け住宅の供給促進のための支援措置

サービス付き高齢者向け住宅の供給促進のために予算措置と税制措置が設けられていることもあって、その供給が増加している。

第1に、予算措置として、国土交通省の「**高齢者等居宅安定化推進事業**」による以下の補助金制度が設けられている（2013（平成25）年度予算）。

・登録住宅の建築費の10分の1、改修費の3分の1（各国費上限100万円／戸）。
・登録住宅に合築・併設する「**高齢者生活支援施設**」の建築費の10分の1、改修費の3分の1（各国費上限1,000万円／施設）。

第2に、税制措置として、以下の措置が設けられている（2013年度税制改正）。

・所得税・法人税について、5年間に割増償却40％（耐用年数35年未満28％）。
・固定資産税について、5年間に税額を3分の2軽減。

・不動産取得税について、家屋は課税標準から1,200万円控除／戸、家屋の床面積の2倍にあたる土地面積相当分の価額等を減額。

(4) 介護保険法の定める施設

❶ 概　要

介護保険の対象となる施設として、厚生労働省の所管する介護保険法に基づく「**介護保険施設**」「**特定施設**」と「**(介護予防)認知症対応型老人共同生活介護**」の住居（グループホーム）である。

❷ 介護保険施設

「介護保険施設」は、「**介護老人福祉施設**」（特別養護老人ホーム）、「**介護老人保健施設**」と「**介護療養型医療施設**」である。

介護老人福祉施設は、特別養護老人ホームであって、要介護者に対し、入浴・排せつ・食事等の介護その他の日常生活上の世話、機能訓練、健康管理と療養上の世話を行うことを目的とする施設である。

介護老人保健施設は、病状が安定期にある要介護者に対し、看護・医学的管理のもとにおける介護・機能訓練その他必要な医療と日常生活上の世話を行うことを目的とする施設である。介護老人保健施設の開設者は、地方公共団体、医療法人や社会福祉法人などであり、都道府県知事の許可が必要である。許可は6年ごとの更新制である。

介護療養型医療施設は、「**療養病床**」（主として長期にわたり療養を必要とする患者を入院させるための病床）等を有する病院・診療所で

あって、当該療養病床等に入院する要介護者に対し、療養上の管理・看護・医学的管理のもとにおける介護その他の世話と機能訓練その他必要な医療を行うことを目的とする施設である。医療の必要性の低い患者にかかる医療費の適正化を図る観点から、2017年度末までに廃止され、介護老人保健施設や介護付有料老人ホームに転換される予定である。

❸ 特定施設

「特定施設」は、有料老人ホーム、経費老人ホームと養護老人ホームである。

(5) UR都市機構その他

独立行政法人都市再生機構（UR都市機構）は、高齢者住まい法のもとで、地方公共団体の要請に基づく「**高齢者向けの優良な賃貸住宅**」を整備・管理している。一定以下の所得の高齢者は、家賃負担を軽減される。

また、UR都市機構は、「**URシニア賃貸住宅（ボナージュ）**」を提供している。ボナージュでは、入居者の選択として、入居者が生命保険会社の「終身年金保険」に加入し、その保険から支払われる年金を家賃等の支払に充当する仕組みが用意されている。また、要介護時に備えたオプションとして、損害保険会社の「介護費用保険」も用意されている。

さらに、「**公営住宅法**」に基づく「**公営住宅**」などの公共賃貸住宅を利用する「**シルバーハウジング**」がある。

(6) まとめ

　以上から、高齢者向け施設・住宅を整理してみると、表4－1のようになる。

(7) 保険会社による提携事業者の紹介

　現在の民間保険商品である個人年金保険商品や介護保険商品は、一定年齢に達した場合や介護を要する状態になった場合（保険事故発生）に、年金（有期・終身）や一時金の形で保険金が支払われるものである。これに対し、保険金ではなく、信頼のできる事業者から有料老人ホームへの入居や民間介護サービスの提供などの形でサービスの給付を受けたいとのニーズがある。

　この点については、金融庁の金融審議会保険商品・サービスの提供等の在り方に関するワーキング・グループ「新しい保険商品・サービス及び募集ルールのあり方について」(2013(平成25)年6月7日)において、保険会社からサービス提供事業者への保険金直接支払を行う保険商品が可能であると整理されている。

　その仕組みは、保険会社が特定の財・サービスを提供する提携事業者を顧客に紹介し、顧客が提携事業者からの財・サービスの購入を希望した場合に、保険金を受取人ではなく提携事業者に対してその代金として支払う（**直接支払サービス**）ものである。

表4-1　高齢者向け施設・住宅の類型

> **1　老人福祉法・介護保険法**
> 　(1)　**介護保険3施設**
> 　　・介護老人福祉施設（特別養護老人ホーム）
> 　　・介護老人保健施設
> 　　・介護療養型医療施設
> 　(2)　**その他老人福祉施設**
> 　　・軽費老人ホーム（ケアハウス）
> 　　・養護老人ホーム
> 　(3)　**有料老人ホーム（民間）**
> 　　・「介護付」（ホーム職員が介護保険サービスを提供）
> 　　・「住宅型」（入居者自らが外部の介護サービス事業者と契約）
> 　　・「健康型」（介護が必要となった場合には契約解除して退去）
> 　(4)　**その他民間施設**
> 　　・認知症高齢者グループホーム（認知症対応型老人共同生活援助事業を行う住居）
> **2　高齢者住まい法**
> 　(1)　**サービス付き高齢者向け住宅**
> 　　「サービス付き高齢者向け住宅事業」にかかる賃貸住宅または有料老人ホーム
> 　(2)　**「高齢者向けの優良な賃貸住宅」（UR都市機構）**
> **3　その他**
> 　・URシニア賃貸住宅（ボナージュ）
> 　・シルバーハウジング

3 サービス付き高齢者向け住宅

(1) サービス付き高齢者向け住宅の登録基準

❶ 規模の基準

サービス付き高齢者向け住宅については、良好な居住環境を確保するため、登録基準が設けられている。

第1に、規模の基準として、原則として各居住部分（賃貸住宅では住戸、有料老人ホームでは入居者ごとの専用部分）の床面積が25㎡以上である（共同利用の居間・食堂・台所等が十分な面積を有する場合は18㎡以上）。

❷ 構造・設備の基準

第2に、構造・設備の基準として、原則として、各居住部分が台所・水洗便所・収納設備・洗面設備・浴室を備えることである。

❸ バリアフリーの基準

第3に、「**加齢対応構造等**」（バリアフリー）の基準として、段差解消、手すり設置や廊下幅の確保などである。

❹ サービスの基準

第4に、「**状況把握サービス**」（安否確認サービス）と「**生活相談サービス**」が提供されることである。

このため、①社会医療法人・社会福祉法人・介護保険指定サービス事業者のサービス従事者、または、②医師・看護師・介護福祉士・社会福祉士・介護支援専門員（ケアマネージャー）・介護職員初

任者（旧ホームヘルパー2級）以上資格者のいずれかが、原則として夜間を除き敷地・隣接地の建物に常駐し、状況把握サービス・生活相談サービスを提供する必要がある。少なくとも常駐していない時間には、各居住部分に緊急時通報システム（入居者の心身状況に関し必要に応じて通報する装置の設置）により状況把握サービスが提供される必要がある。

このように、医師や看護師の日中常駐は義務づけられておらず、介護職員初任者の日中常駐で足り、また、夜間は緊急時通報システムで足りることになっているので、注意が必要がある。

❺　入居契約の基準

第5に、入居契約の基準として、次の基準などが定められている。

・敷金・家賃等の前払金以外の権利金等の受領禁止。「家賃等」とは、家賃または高齢者生活支援サービスの提供の対価である。
・家賃等の前払金の算定基礎・返還ルールの明示義務。
・入居後一定期間経過前の契約解除・終了の場合における一定の家賃等の前払金返還義務（初期償却制限）。
・入居者の病院入院・心身状況変化を理由とする一方的な居住部分変更・契約解約の禁止。

❻　その他の基準

第6に、工事完了前の敷金または家賃等の前払金の受領禁止や家賃等の前払金の保全措置義務が課されている。

(2) 高齢者生活支援サービス

「サービス付き高齢者向け住宅」の入居者は、**高齢者生活支援**

サービス」を受けることができる。高齢者とは、60歳以上の者または60歳未満で要介護・要支援の認定を受けている者である。

高齢者生活支援サービスについては、①「**状況把握サービス**」（安否確認サービス）と、②「**生活相談サービス**」が必ず提供されなければならない。

このほか、③その他高齢者の日常生活のための必要な「**福祉サービス**」（入浴・排せつ・食事等の介護サービス、食事提供サービス、調理・洗濯・掃除等の家事サービスまたは心身健康維持・増進サービス）を提供することが可能である。福祉サービスの提供は任意となっているので、注意が必要である。

①②のみを提供するものは有料老人ホームにあたらないが、③のいずれかを提供するものは有料老人ホームにもあたる。サービス付き高齢者向け住宅事業の登録を受けた事業者（「**登録事業者**」）は、老人福祉法に基づく都道府県知事への有料老人ホームの設置についての届出が不要となる。

(3) 介護・介護予防サービス

サービス付き高齢者向け住宅が有料老人ホームに該当するかどうかにかかわらず、介護保険法における入居者の「居宅」にあたることから、入居者は、居宅要介護者または居宅要支援者として、介護サービスまたは介護予防サービスを利用できる。

また、サービス付き高齢者向け住宅が有料老人ホームにあたる場合には、介護保険法において「特定施設」にあたる。このため、登録事業者が介護保険法に基づく指定サービス事業者の指定を受けて

いる場合には、特定施設に入居している要介護者・要支援者として、登録事業者から、特定施設入居者生活介護、地域密着型特定施設入居者生活介護または介護予防特定施設入居者生活介護のサービスを受けることができる。

(4) 高齢者居宅生活支援事業を行う者との連携・協力

サービス付き高齢者向け住宅事業を行う者は、入居者に対する保険医療サービス・福祉サービスの提供について、**「高齢者居宅生活支援事業」**を行う者と連携・協力を行うことが可能である。「高齢者居宅生活支援事業」は、以下の事業である。

① 老人福祉法に基づく「老人居宅生活支援事業」。
② 介護保険法に基づく「居宅サービス事業」「地域密着型サービス事業」「居宅介護支援事業」「介護予防サービス事業」または「介護予防支援事業」。
③ 健康保険法に基づく「訪問看護事業」。
④ 医療法に基づく病院・診療所における医療提供事業。
⑤ 食事提供事業、調理・洗濯・掃除等の家事事業、状況把握サービス提供事業、心身健康維持・増進事業、生活相談サービス提供事業、社会交流促進事業または日常生活上必要なサービスの手配に関する事業。

①の「**老人居宅生活支援事業**」とは、老人居宅介護等事業、老人デイサービス事業、老人短期入所事業、小規模多機能型居宅介護事業、認知症対応型老人共同生活援助事業と複合型サービス福祉事業である。介護保険法によるサービスのほか、やむを得ない理由によ

り介護保険法によるサービスを受けることが著しく困難と認められる者が対象となる。

　サービス付き高齢者向け住宅の敷地・隣接地に、高齢者居宅生活支援事業の用に供する「**高齢者生活支援施設**」を合築または併設することもできる。たとえば、ヘルパーステーション、訪問看護ステーション、定期巡回随時対応サービスセンター、デイサービスセンター、診療所、食事サービス施設や生活相談サービス施設などである。

(5)　サービス付き高齢者向け住宅事業の公表制度

　都道府県知事は登録簿を一般の閲覧に供し、登録事業者は登録事項を公表しなければならない。

　一般社団法人すまいづくりまちづくりセンター連合会HP「**サービス付き高齢者向け住宅情報提供システム**」において、登録住宅の情報が公表されている。

4　体験的「リスク管理」マイホーム編

(1)　持家取得か賃貸住宅か

　持家取得か賃貸住宅住まいのどちらがいいかは、いろいろな議論がある。各人の経済状況、将来展望、人生設計や人生観に左右され

るものであり、「正解」はない。

　日本ではこれまで、持家取得を促進する政策がとられてきた。住宅金融支援機構による「**フラット35**」（民間金融機関と提携して行う最長35年の長期固定金利住宅ローン）の提供や「**住宅ローン減税制度**」（住宅ローンを利用してマイホームを取得した場合に一定の要件のもとで住宅ローンの年末残高の一定割合を所得税額から控除する制度）などである。

　これに対し、最近では、サービス付き高齢者向け住宅など、賃貸住宅を促進する政策もとられている。

　私は、「安定」と「安心」を重視してマンション購入を選んだ。一時的に賃貸マンションに住んでいたが、資産の残らない家賃支払の負担に疑問を感じたこともある。

　持家取得は、不動産投資というリスク（将来の資産価値の下落）をとるものであることは自覚している[2]。資産としてのマンションの価値の確保は大切である。しかし、投資マンションのようにリターン（将来の資産価値の上昇による値上がり益）を求めるものではなく、居住という「実需」に基づくものである。しかも、「安定」と「安心」という必ずしも金銭的には評価できないメリットを求めたものである。

(2) 固定金利か変動金利か

　住宅ローンを借りてマイホームを取得する場合、「全期間固定金

---

[2] 橘玲「マイホーム購入という巨大リスク」アベノミクス放臆病者のための資産運用入門連載23『週刊文春』2013年10月17日号。

利型」「当初期間固定金利型」「全期間変動金利型」「固定金利型・変動金利型の組合せ」のいずれがいいかについても、いろいろな議論がある。

　この問題も、将来の金利変動リスクをどのようにみるかに左右されるものであり、「正解」はない。全期間変動金利型の金利が最も低いが、将来の金利上昇が心配というものである。

　2013（平成25）年4月4日に導入された日本銀行の新しい金融緩和政策（2年間程度で年率2％の物価上昇の実現を目標とする）や日本の厳しい財政事情（大量の国債発行が必要）のもとでは、長期金利の上昇リスクがあろう。これに対し、変動金利型住宅ローンの金利水準は短期金利を基準に決められるので、日本銀行の金融緩和政策が続けられる間は、（長期金利はともかく）短期金利は低金利が続くとみることが合理的であろう。

(3) 高齢者向け住まい

　健康な間は、高齢者向け住まいに住む必要はなく、自宅で必要なサービスを受ければいいと考えている。

第 5 章 健康のリスク管理

1 リスク管理の仕組み

(1) 高齢者医療と介護保険

　高齢化の進展にあわせて高齢者医療や介護保険への関心が高まっている。健康のリスク管理の観点から、高齢者医療や介護の仕組みを知っておくことは重要である。

　厚生労働省や地方自治体は、国民・住民向けにわかりやすいパンフレットを用意している。しかし、制度を定めている厚生労働省が所管する社会保障関係の法律は、国民生活の基盤（インフラ）となるにもかかわらず、難しい内容となっている。

(2) 成年後見制度

　判断能力に問題が生じた場合に適切な財産管理を確保して本人を保護するための仕組みとして、成年後見制度が定められている。健康のリスク管理の観点から、その仕組みを知っておくことは重要である。

　金融機関関係者から、一般論として、大手法律事務所の弁護士は成年後見人になることがあるかと聞かれたことがある。金融機関の顧客から弁護士を紹介してほしいとの依頼があり、信頼性のある弁護士が求められているのであろう。企業法務中心ではあるが、個々の弁護士の判断によるものであり、私も自分に相応しいニーズがあれば成年後見人になることはあり得るとお答えしている。

2 高齢者医療

(1) 公的医療保険制度

日本の公的医療保険制度は、「**国民皆保険**」制度のもとで、大きく4つの制度に分かれている（表5 – 1）。

(2) 国民健康保険の問題

国民健康保険については、被用者保険と比べて、以下の問題があると指摘されている（社会保障制度改革国民会議報告書）。このた

表5 – 1　日本の医療保険制度（2012年3月末）

- ●「**被用者保険**」制度（7,372万人）
  - ・「全国健康保険協会」（協会けんぽ）管掌健康保険（3,488万人）［健康保険法］
  - ・健康保険組合管掌健康保険（2,950万人）［健康保険法］
  - ・共済組合（919万人）［国家公務員共済組合法・地方公務員等共済組合法・私立学校教職員組合法］
  - ・船員保険（13万人）［船員保険法］
- ●「**国民健康保険**」制度（3,831万人）［国民健康保険法］
  - ・市町村・特別区国民健康保険（3,520万人）
  - ・国民健康保険組合（312万人）
- ●「**後期高齢者医療保険制度**」（1,473万人）［高齢者の医療の確保に関する法律］
- ●生活保護（211万人）［生活保護法］

め、2017年度までを目途に、国民健康保険の運営が市町村・特別区から都道府県に移管される見込みである。

・無職者・失業者・非正規雇用労働者などを含め、低所得者の加入者が多い。
・年齢構成が高く、医療費水準が高い。
・所得に占める保険料負担が重い。
・規模が小さく、保険財政運営が不安定になるリスクがある。
・地域ごとの保険料格差が非常に大きい。

(3) 高齢者医療保険制度

❶ 概　　要

　日本の高齢者医療保険制度は、「前期高齢者」（65〜74歳）と「後期高齢者」（75歳以上）に分かれている。

　前期高齢者（約1,500万人）の医療には約6.1兆円の医療給付費（医療費のうち患者負担を除くもの）を要している。後期高齢者（約1,500万人）の医療には約13.8兆円の医療給付費を要している（2013（平成25）年度予算ベース）。

❷ 前期高齢者医療保険制度

　前期高齢者は、65歳未満の者と同じ被用者保険か国民健康保険に加入することになるが、実際には国民健康保険への加入者が多い。このため、**「高齢者の医療の確保に関する法律」**（高齢者医療確保法）に基づき、各医療保険制度の間における費用負担の調整が行われている。

　具体的には、協会けんぽ（1.2兆円）、健康保険組合（1.2兆円）と

共済組合（0.5兆円）が「社会保険診療報酬支払基金」（支払基金）に**「前期高齢者納付金」**を支払い、市町村・特別区国民健康保険などが**「前期高齢者交付金」**を受け取る（2.9兆円）。

❸ 後期高齢者医療保険制度

後期高齢者については、加入する制度を年齢（75歳以上）で区分して、後期高齢者医療保険制度が設けられている。

後期高齢者医療保険制度は、高齢化に伴う医療費の増大が見込まれるなかで、高齢世代と若年世代の負担の明確化などを図る観点から、高齢者医療確保法に基づき、2008（平成20）年4月から実施されている。

後期高齢者医療制度の運営は、各都道府県内ごとにすべての市町村・特別区の加入する**「後期高齢者医療広域連合」**（広域連合）が運営している。

後期高齢者医療給付費の約5割は公費負担、約1割弱は後期高齢者の負担、約4割強は各医療保険制度の負担である。各医療保険制度の負担については、協会けんぽ（1.9兆円）、健康保険組合（1.8兆円）、共済組合（0.6兆円）と市町村・特別区国民健康保険など（1.6兆円）が支払基金に**「後期高齢者支援金」**を支払い、広域連合が**「後期高齢者交付金」**を受け取る（5.8兆円）。

後期高齢者支援金の負担の分担方法は、現在、3分の1が各被用者保険の総報酬に応じた負担（総報酬制）、3分の2が加入者数に応じたものとなっている。2015年度までを目途に全面的に総報酬制に移行される場合には、協会けんぽの負担が軽減される一方、総報酬の高い大企業の健康保険組合の負担が増加することになる。

(4) 医療費の自己負担

医療費の自己負担は、①70歳未満は3割、②70〜74歳は原則として1割、③後期高齢者（75歳以上）は原則として1割である。

70歳以上であっても、現役並み所得者（月収28万円以上など）は3割負担である。

2014（平成26）年4月から、新たに70歳になる者の自己負担は2割に引き上げられる見込みである。その場合でも、すでに70歳以上の者の自己負担は1割のままである。

(5) 健康保険料

健康保険料は、医療保険制度によって異なる。国民健康保険料も、制度の運営者である市長村・特別区ごとに異なる。

保険料にかかる国民の負担に関する公平の確保を図る観点から、2015年度までを目途に、負担能力に応じて応分の負担を求める以下の措置が実施される見込みである。

① 国民健康保険と後期高齢者医療保険制度の低所得者の保険料負担の軽減
② 国民健康保険の保険料と被用者保険の標準報酬月額の各上限額の引上げ

(6) 高額療養費制度

❶ 概　要
高額療養費制度は、医療機関や薬局の窓口で支払った本人負担額

が、暦月（月初から月末まで）で一定額を超える場合に、その超えた金額を支給する制度である。

本人負担の上限額は、年齢や所得により異なる。70歳以上の負担上限額は70歳未満の負担上限額よりも軽減されている。2015年度までを目途に、高額療養費の負担上限の所得区分が見直される見込みである。

❷ 手　続

高額療養費の支給を受けるためには、加入している公的医療保険の運営者に申請書を提出または郵送する必要がある。高額療養費を申請した場合、支給は受診した月から少なくとも3か月かかる。

加入している公的医療保険の運営者から事前に「**限度額適用認定証**」の交付を受けていれば、医療機関の窓口で認定証を提示すれば、自己負担額の支払を上限額以下とすることができる。

❸ 支給対象外

食費、居住費、差額ベッド代、先進医療にかかる費用や雑費（日用品・交通費など）は、高額医療費の支給対象とならない。自己資金や民間医療保険などで対応することになる。

3　介護保険制度

(1) 介護保険制度の基本的仕組み

介護保険制度は、2000（平成12）年4月に開始された。

「**介護保険**」は、「**被保険者**」の「**要介護状態**」または「**要支援状態**」に関する必要な「**保険給付**」を行うものである。市町村と特別区が介護保険の運営主体である。

　介護保険制度も、「国民の共同連帯の理念」に基づく「共助」の制度であるが、その財源の50％は税財源であり、実際には「公助」化している。

　保険給付は、「保険医療サービス」と「福祉サービス」である。具体的には、①入浴、排せつ、食事等の介護、②機能訓練、③看護、④療養上の管理その他の医療である。

　2011（平成23）年介護保険法改正[1]により、できる限り住み慣れた地域でその有する能力に応じ自立した日常生活を営むことができるよう、「**在宅**」を基本とした生活の継続を目指す「**地域包括ケアシステム**」（地域ごとの医療・介護・予防・住まい・生活支援の継続的で包括的なネットワーク）の構築が目指されている。

(2) 介護保険の被保険者

❶ 被保険者の種類

　介護保険の被保険者は、次の者である。

① 市町村・特別区の区域内に住所を有する65歳以上の者（「**第1号被保険者**」）

② 市町村・特別区の区域内に住所を有する40歳以上65歳未満の医療保険加入者（「**第2号被保険者**」）

---

1 「特集　求められる介護サービスと法の課題」ジュリスト1433号（2011年11月15日）参照。

❷ 被保険者の人数

2012（平成24）年3月末には、第1号被保険者数は2,978万人であり、うち65歳以上75歳未満（前期高齢者）が1,505万人、75歳以上（後期高齢者）が1,472万人である（厚生労働省「平成23年度介護保険事業状況報告（年報）」）。第2号被保険者数は4,299万人である。

(3) 介護保険の保険料

❶ 介護保険の費用負担

介護保険制度の費用負担は、総給付費のうち50％が公費負担、50％が保険料負担である。

保険料負担50％のうち、21％が第1号被保険者の負担、29％が第2号被保険者の負担である（2012（平成24）年度〜2014（平成26）年度）。

❷ 第1号被保険者の介護保険料

第1号被保険者の介護保険料は、市町村・特別区によって異なる。各市町村・特別区が3年ごとに改定する。

現在の第1号保険料は、全国平均で月額5,000円程度である（2012年度〜2014年度）。2025年度には、8,200円程度となる見込みである。

❸ 第2号被保険者の介護保険料

第2号被保険者の介護保険料は、加入している健康保険（医療保険）によって異なる。

被用者保険の場合には事業主が半額負担、国民健康保険の場合には国が半額負担である。

(4) 介護保険の給付対象者

❶ 要介護者と要介護状態

介護保険の給付対象者は、「要介護者」と「要支援者」である。

「要介護者」は、次の者である。

・要介護状態にある65歳以上の者。
・要介護状態にある40歳以上65歳未満の者であって、その原因である身体・精神上の障害が特定疾病によって生じた者。

「要介護状態」は、日常生活における基本的動作（入浴、排せつ、食事等）の全部・一部について6か月にわたり継続して常時介護を要すると見込まれる状態である。

「要介護状態区分」は5段階になる。軽い順に、**「要介護1」**（2013（平成25）年4月末に105万人）、**「要介護2」**（99万人）、**「要介護3」**（75万人）、**「要介護4」**（70万人）と**「要介護5」**（61万人）である。

❷ 要支援者と要支援状態

「要支援者」は、次の者である。

・要支援状態にある65歳以上の者。
・要支援状態にある40歳以上65歳未満の者であって、その原因である身体・精神上の障害が特定疾病によって生じた者。

「要支援状態」は、日常生活における基本的動作の全部・一部について6か月にわたり継続して常時介護を要すると状態の軽減・悪化防止に特に資する支援を要すると見込まれ、または6か月にわたり継続して日常生活を営むのに支障があると見込まれる状態であ

る。

「**要支援状態区分**」は2段階になる。軽い順に、「**要支援1**」(77万人)と「**要支援2**」(77万人)である。

❸ 要介護・要支援者の割合

第1号被保険者に占める要介護・要支援の認定者（515万人）の割合は17.2％であり、うち軽度（要支援1～要介護2）が10.8％、重度（要介護3～要介護5）が6.5％である。

第2号被保険者に占める要介護・要支援の認定者（16万人）の割合は0.4％である。

65～74歳の被保険者のうち認定者（65万人）の割合は4.3％、75歳以上の被保険者のうち認定者（450万人）の割合は30.5％である。

(5) 介護保険の保険給付の種類

❶ 保険給付の種類

介護保険の保険給付は、以下の3種類からなる。

・被保険者の要介護状態に関する保険給付である「**介護給付**」。
・被保険者の要支援状態に関する保険給付である「**予防給付**」。
・「**要介護状態等**」（要介護状態または要支援状態）の軽減または悪化防止に資する保険給付として条例で定める「**市町村特別給付**」。

❷ 要介護認定と要支援認定

介護給付を受けようとする被保険者は、申請書に被保険証を添付して市町村・特別区に申請して、要介護者に該当することとその該当する要介護状態区分について、認定（「**要介護認定**」）を受けなければならない。

予防給付を受けようとする被保険者は、市町村・特別区に申請して、要支援者に該当することとその該当する要支援状態区分について、認定（「**要支援認定**」）を受けなければならない。

　要介護認定と要支援認定の有効期間は6か月であり、それぞれの6か月の更新（「**要介護更新認定**」または「**要支援更新認定**」）の申請が可能である。要介護状態区分と要支援状態区分の変更の申請も可能である。

❸ 予防給付制度の移管

　要支援者に対する予防給付のうち「訪問介護」（ホームヘルプ）と「通所介護」（デイサービス）については、市町村・特別区がサービス内容、給付額や利用者の負担割合を地域の実情に応じて柔軟に決められるようにするため、2017年度末までに、介護保険制度から市町村・特別区の行う「地域支援事業」に移管される方向となっている。

(6) 要介護認定・要支援認定プロセス・基準

❶ 要介護認定・要支援認定プロセス

　市町村・特別区は、被保険者から申請があったときは、職員が被保険者に面接し、その心身の状況、その置かれている環境、被保険者の病状と現に受けている医療の状況について、調査をする。そして、被保険者の主治医（主治医がないときは指定の医師）に対し、被保険者の身体・精神上の障害の原因である疾病・負傷の状況等について、意見を求める。

　認定プロセスは、まずコンピューターによる1次判定が行われ、それを原案として「**介護認定審査会**」（保健・医療・福祉の学識経験

者5名程度で構成）による2次判定（「**審査判定業務**」）が行われる。

❷ 要介護状態区分・要支援状態区分の認定基準

要介護認定は、介護サービスの必要度（「介護の手間」）を判断するものであり、被保険者の病気の重さと要介護の高さは必ずしも一致するものではない（厚生労働省HP「要介護認定はどのように行われるか」）。

コンピューターによる1次判定では、推計として、5分野（直接生活介助・間接生活介助・BPSD（認知症の行動・心理症状）・機能訓練関連行為・医療関連行為）について、要介護認定等基準時間を算出し、要介護認定等基準時間と認知症加算の合計をもとに要支援1～要介護5に判定される。

・要支援1：基準時間が25分以上32分未満またはこれに相当すると認められる状態
・要支援2：基準時間が32分以上50分未満またはこれに相当すると認められる状態
・要介護1：基準時間が32分以上50分未満またはこれに相当すると認められる状態
・要介護2：基準時間が50分以上70分未満またはこれに相当すると認められる状態
・要介護3：基準時間が70分以上90分未満またはこれに相当すると認められる状態
・要介護4：基準時間が90分以上110分未満またはこれに相当すると認められる状態
・要介護5：基準時間が110分以上またはこれに相当すると認めら

　　　　　れる状態

　介護認定審査会では、まず「**介護の手間にかかる審査判定**」において1次判定の修正・確定が行われる。次に、「要支援1」の者すべてと「要介護認定等基準時間が32分以上50分未満に相当する者」（要支援2または要介護1）について、「**状態の維持・改善可能性にかかる審査判定**」が行われる。「要支援2」と「要介護1」の振分けは、「認知機能の低下の評価」と「状態の安定性の評価」に基づき行われる。

(7) 介護・介護予防サービスの利用

❶ 概　　要

　介護保険は、利用者が介護・介護予防サービスを提供する事業者を選択して介護・介護予防サービスを利用する仕組みである。

　要介護者向けの介護サービスには、「**居宅サービス**」「**地域密着型サービス**」と「**施設サービス**」がある（表5-2）。

　要支援者向け介護予防サービスには、「**介護予防サービス**」と「**地域密着型介護予防サービス**」がある（表5-2）。

　地域密着型サービスは、2005（平成17）年介護保険法改正により導入されたものであり、介護・介護予防サービスを提供する事業者や施設がある市町村・特別区の住民の利用が基本となる。2011（平成23）年介護保険法改正により、地域密着型サービスとして、定期巡回・随時対応型訪問介護看護と複合サービスが新設されている。

❷ サービスの類型

　居宅型サービス（居宅サービス・介護予防サービス）は、「**居宅要**

表5-2　介護・介護予防サービスの種類（2013年4月事業所数）

1　介護サービスの種類

【居宅サービス（22万5,631）】
- 訪問介護（ホームヘルプ）（5万6,792）、訪問入浴介護（2,677）、訪問看護（1万4,244）、訪問リハビリテーション（5,684）、居宅療養管理指導（2万8,125）
- 通所介護（デイサービス）（6万6,287）、通所リハビリテーション（デイケア）（1万3,801）
- 短期入所生活介護（福祉系ショートステイ（老人短期入所施設など））（1万3,196）
- 短期入所療養介護（医療系ショートステイ（介護老人保健施設など））（4,574）
- 特定施設入居者生活介護（有料老人ホーム・養護老人ホーム・軽費老人ホーム）（7,397）
- 福祉用具貸与（1万2,854）、特定福祉用具販売

【地域密着型サービス（2万4,989）】

［居宅要介護者向けサービス］
- 定期巡回・随時対応型訪問介護看護（176）、夜間対応型訪問介護（163）
- 認知症対応型通所介護（認知症デイサービス）（4,280）
- 小規模多機能型居宅介護（ホームヘルプ・デイサービス・ショートステイの組合せ）（6,442）
- 複合サービス（訪問看護・小規模多機能型居宅介護の組合せ）（38）

［施設におけるサービス］
- 認知症対応型共同生活介護（認知症グループホーム）（1万2,613）
- 地域密着型特定施設入居者生活介護（定員29人以下の介護専用型特定施設（有料老人ホーム・養護老人ホーム・軽費老人ホーム））（251）

- ●地域密着型介護老人福祉施設入所者生活介護（定員29人以下の特別養護老人ホーム）（1,026）

【施設サービス】（1万2,233）
- ●介護福祉施設サービス（定員30人以上の特定養護老人ホーム）（6,640）
- ●介護保健施設サービス（介護老人保健施設）（3,963）
- ●介護療養施設サービス（2017年度末までに廃止）（1,630）

2　介護予防サービスの種類（4万22）

【介護予防サービス】
- ●介護予防訪問介護、介護予防訪問入浴介護、介護予防訪問看護、介護予防訪問リハビリテーション、介護予防居宅療養指導管理
- ●介護予防通所介護（デイサービス）、介護予防通所リハビリテーション（デイケア）
- ●介護予防短期入所生活介護（福祉系ショートステイ（老人短期入所施設など））
- ●介護予防短期入所療養介護（医療系ショートステイ（介護老人保健施設など））
- ●介護予防特定施設入居者生活介護（有料老人ホーム・養護老人ホーム・軽費老人ホーム）
- ●介護予防福祉用具貸与、介護予防特定福祉用具販売

【地域密着型介護予防サービス】

[居宅要介護者向けサービス]
- ●介護予防認知症対応型通所介護（認知症デイサービス）
- ●介護予防小規模多機能型居宅介護（ホームヘルプ・デイサービス・ショートステイの組合せ）

[施設におけるサービス]
- ●介護予防認知症対応型共同生活介護（認知症高齢者グループホーム）
- ●地域密着型特定施設入居者生活介護（定員29人以下の介護専用型特定施設（有料老人ホーム・養護老人ホーム・軽費老人ホーム））

> ●地域密着型介護老人福祉施設入所者生活介護（定員29人以下の特別養護老人ホーム）

介護者」または「**居宅要支援者**」向けサービスである。「居宅」には、養護老人ホーム、軽費老人ホームと有料老人ホームの施設における居室が含まれている。

　地域密着型サービス（地域密着型サービス・地域密着型介護予防サービス）には、居宅要介護者・居宅要支援者向けサービスと施設に入居している要介護者・要支援者向けサービスがある。

　「施設サービス」は、施設に入居している要介護者向けサービスである。

　介護・介護予防サービスの利用者は、2011（平成23）年度で434万人である。うち居宅型サービスが319万人（全体の73.5％）、地域密着型サービスが29万人（6.8％）、施設サービスが86万人（19.7％）である。

(8) ケアプラン

　居宅要介護者は、居宅サービスまたは地域密着型サービスを利用する場合、ケアプラン（「**居宅サービス計画**」）を作成する。自ら作成することもできるが、指定居宅介護支援事業者の「**介護支援専門員**」（ケアマネージャー）に作成を依頼できる。

　要介護者が施設サービスを利用する場合、入所した施設でケアプラン（「**施設サービス計画**」）を作成する。

　居宅要支援者は、介護予防サービスまたは地域密着型介護予防

サービスを利用する場合、ケアプラン（「**介護予防サービス計画**」）を作成する。自ら作成することもできるが、「**地域包括支援センター**」の職員に作成を依頼できる。

(9) ケアマネージャー

「**介護支援専門員**」（ケアマネージャー）は、都道府県の行う「**介護支援専門員実務研修受講試験**」に合格し、都道府県知事の行う「**介護支援専門員実務研修**」の課程を修了して、都道府県知事の登録を受けて「**介護支援専門員証**」の交付を受けた者をいう。介護支援専門員証の有効期間は5年であり、更新可能である。

介護支援専門員は、要介護者・要支援者からの相談に応じて、適切な居宅サービス、地域密着型サービス、施設サービス、介護予防サービスまたは地域密着型介護予防サービスを利用できるよう、市町村・特別区、居宅サービス事業を行う者、地域密着型サービス事業を行う者、介護保険施設（指定介護老人福祉施設・介護老人保健施設）、介護予防サービス事業をまたは地域密着型介護予防サービス事業を行う者等との連絡調整等を行う。

介護支援専門員は、介護・介護予防サービスが特定の種類または特定の事業者・施設に不当に偏ることのないよう、公正かつ誠実にその業務を行わなければならない。

(10) 介護・予防給付の種類と介護サービス事業者

介護・予防給付は、被保険者が介護・介護予防サービス事業者から介護・介護予防サービスを受けた場合に、被保険者（「**要介護被保**

表5−3　介護・予防給付の種類

> **1　介護給付**
> ●「**指定居宅サービス事業者**」(都道府県知事指定)の「**指定居宅サービス**」
> 　・居宅介護サービス費
> 　・特例居宅介護サービス費
> 　・居宅介護福祉用具購入費
> ●「**指定地域密着型サービス事業者**」(市町村・特別区長指定)の「**指定地域密着型サービス**」
> 　・地域密着型介護サービス費
> 　・特例地域密着型介護サービス費
> ●「**指定居宅介護支援事業者**」(都道府県知事指定)の「**指定居宅介護支援**」
> 　・居宅介護サービス計画費
> 　・特例居宅介護サービス計画費
> ●「**指定介護老人福祉施設**」(都道府県知事指定)の「**指定介護福祉施設サービス**」と「**介護老人保健施設**」(都道府県知事許可)の「**介護保健施設サービス**」(「**指定施設サービス等**」)
> ・施設介護サービス費
> ・特例施設介護サービス費
> ●「**特定介護サービス**」(指定介護福祉サービス・介護保健施設サービス・地域密着型介護老人福祉施設入居者生活介護・短期入所生活介護・短期入所療養介護)
> ・特定入所者介護サービス費
> ・特例特定入所者介護サービス費
> ●その他
> ・居宅介護住宅改修費
> ・高額介護サービス費
> ・高額医療合算介護サービス費

2　予防給付
- 「**指定介護予防サービス事業者**」(都道府県知事指定) の「**指定介護予防サービス**」
  - ・介護予防サービス費
  - ・特例介護予防サービス費
  - ・介護予防福祉用具購入費
- 「**指定地域密着型介護予防サービス事業者**」(市町村長・特別区長指定) の「**指定地域密着型介護予防サービス**」
  - ・地域密着型介護予防サービス費
  - ・特例地域密着型介護予防サービス費
- 「**指定介護予防支援事業者**」(都道府県知事指定) の「**指定介護予防支援**」
  - ・介護予防サービス計画費
  - ・特例介護予防サービス計画費
- 「**特定介護予防サービス**」(介護予防短期入所生活介護・介護予防短期入所療養介護)
  - ・特定入所者介護予防サービス費
  - ・特例特定入所者介護予防サービス費
- その他
  - ・介護予防住宅改修費
  - ・高額介護予防サービス費
  - ・高額医療合算介護予防サービス費

険者」または「**要支援被保険者**」) に対して給付される (表5-3)。実際には、市町村・特別区が、被保険者に代わって事業者に介護・予防サービス費を直接支払う。

「**介護サービス事業者**」とは、「指定居宅サービス事業者」「指定地域密着型サービス事業者」「指定居宅介護支援事業者」「指定介護予防サービス事業者」「指定地域密着型介護予防サービス事業者」

「指定介護予防支援事業者」「指定介護老人保健施設」と「介護老人保健施設の開設者」である。都道府県知事の指定・許可の有効期間は6年間であり、指定・許可の更新制度が設けられている。

　介護サービス事業者は、業務管理体制の整備義務や介護サービス情報の報告・公表義務を課されている。厚生労働省HP「**介護サービス情報公開システム**」において、介護保険法に基づく全24種類52サービスの事業所・施設が公表されている。

⑾ 利用者の負担

　利用者の負担は、介護・介護予防サービス費用（支給限度基準額の範囲内のもの）の1割である。一定以上の所得者については、2割負担とされる方向である。

　ただし、居宅介護サービス計画費・特例居宅介護サービス計画費と介護予防サービス計画費・特例介護予防サービス計画費については、利用者負担はない。

　また、介護・介護予防サービス費用のうち以下の費用は、すべて利用者の自己負担とされている。

・通所型（デイサービス・デイケア）の場合には食費・おむつ代など。
・滞在型（ショートステイ）の場合には食費・滞在費・理美容代など。
・小規模多機能型の場合には食費・宿泊費・おむつ代など。
・共同生活型（グループホーム）の場合には食材料費・理美容代・おむつ代など。
・特定施設入居型の場合にはおむつ代など。

・複合型の場合には食費・宿泊費・おむつ代など。
・介護施設入居型の場合には食費・居住費・理美容代など。

低所得者には、居住者・食費の負担を軽減する「**特定入所者介護サービス費（補足給付）**」が設けられている。低所得者であっても、単身で金融資産1,000万円超（夫婦で2,000万円超）の者については、補足給付の対象外とされる方向である。

⑿ 地域支援事業と地域包括支援センター

❶ 地域支援事業の概要

2005（平成17）年介護保険法改正により、地域支援事業制度と地域包括支援センター制度が創設されている。

「**地域支援事業**」は、被保険者が要介護状態・要支援状態（「**要介護状態等**」）となることを予防するとともに、要介護状態等になった場合においても、可能な限り地域において自立した日常生活を営むことができるように支援するため、市町村・特別区が介護給付・予防給付という個別給付とは別に行う事業である。

市町村・特別区は、介護給付・予防給付と地域支援事業を一体的に「**介護保険事業計画**」を定め、3年を一期とする運営を行っている。

地域支援事業は、介護予防事業、包括的支援事業と任意事業からなる。

❷ 地域支援事業の類型

介護予防事業は、65歳以上の高齢者に対する一般介護予防事業であり、市町村・特別区が行う義務のある事業である。

包括的支援事業は、介護予防ケアマネジメント事業、総合相談支援事業、権利擁護事業と包括的・継続的ケアマネジメント支援事業であり、市町村・特別区が行う義務のある事業である。

　任意事業は、市町村・特別区が任意に行うことのできる事業である。

❸　介護予防・日常生活支援総合事業

　一般介護予防事業、介護予防ケアマネジメント事業と任意事業は、「**介護予防・日常生活支援総合事業**」（総合事業）と位置づけられ、厚生労働省が指針を定めている。

　「**日常生活総合支援事業**」は、配食事業や見守り事業（定期的な安否確認・緊急時対応事業）などである。

❹　地域支援事業の見直し

　要支援者への介護予防サービスのうち訪問介護と通所介護は、2017年度末までに、全国一律の予防給付から地域支援事業に移行される方向である。これを含む「**介護予防・生活支援サービス事業**」と「**一般介護予防事業**」が新しい総合事業として位置づけられる方向である。

❺　地域包括支援センター

　市町村・特別区は、「包括的支援事業」などを実施する施設として、自ら「地域包括支援センター」を設置できる（行政直営型）ほか、民間の「老人介護支援センター」の設置者、医療法人や社会福祉法人などに地域包括支援センターの設置を委託できる（委託型）。

　地域包括支援センターには、保健師、社会福祉士や主任介護支援専門員（主任ケアマネージャー）が置かれる。

第5章　健康のリスク管理　143

4 成年後見制度

(1) 成年後見制度の概要

20歳以上の成年への後見制度は、認知症、知的障害や精神障害などによって「事理を弁識する能力」（物事を判断する能力）のない者（本人）について、本人の権利を保護する者を選ぶことによって、本人を法律的に援助する制度である。

成年後見制度には、法律に基づく「**法定後見制度**」と契約に基づく「**任意後見制度**」がある。

(2) 法定後見の種類

❶ 概　要

成年の法定後見には、「**成年後見**」「**保佐**」と「**補助**」の3種類がある。本人の判断能力の程度に応じて、本人の権利の保護者に与えられる権限の範囲が異なる。

❷ 成年後見

「成年後見」は、本人の判断能力が常に「欠く」状況にある場合に、家庭裁判所が「**後見開始の審判**」により選任した「**成年後見人**」が、以下の権限を有するものである（民法7条～9条、838条2号、843条、859条）。

・本人（「**成年被後見人**」）の財産の管理と財産に関する法律行為の代表

・日常生活に関する行為を除く本人の法律行為の取消権
❸ 保　　佐
　「保佐」は、本人の判断能力が常に「著しく不十分」である場合に、家庭裁判所が「**保佐開始の審判**」により選任した「**保佐人**」が、以下の権限を有するものである（民法11条〜13条、876条、876条の２、876条の４）。

・日常生活に関する行為を除き、本人（「**被保佐人**」）の特定の法律行為（元本領収・利用、借金・保証、重要財産売買、贈与、相続承認・放棄、遺産分割、新築・改築・増築・大修繕、中長期賃貸借など）への同意権
・家庭裁判所が定める場合には本人の上記行為以外の法律行為への同意権
・本人が同意を得ないでした法律行為の取消権
・家庭裁判所が定める場合には本人の特定の法律行為の代理権

❹ 補　　助
　「補助」は、本人の判断能力が常に「不十分」である場合に、家庭裁判所が「**補助開始の審判**」により選任した「**補助人**」が、以下の権限を有するものである（民法15条〜17条、876条の６、876条の７、876条の９）。

・本人（「**被補助人**」）の特定の法律行為（家庭裁判所が指定）への同意権
・本人が同意を得ないでした法律行為の取消権
・家庭裁判所が定める場合には本人の特定の法律行為の代理権

❺　成年後見人・保佐人・補助人の選任請求権者

　成年後見人・保佐人・補助人は、いずれも本人、配偶者、4親等内の親族や検察官などの請求により、それぞれ家庭裁判所が選任する（民法7条、11条、14条）。

　これらの者は、被成年後見人・被保佐人・被補助人の判断能力の問題がなくなったときは、家庭裁判所に対し、それぞれ後見開始審判・保佐開始審判・補助開始審判の取消しを請求できる（同法10条、14条、18条）。

❻　法定後見の登記

　家庭裁判所の後見審判開始・保佐開始審判・補助開始審判があったときは、「**後見登記等に関する法律**」（後見登記法）に基づき、通常は裁判所書記官の嘱託により、「**後見等**」（後見、保佐または補助）の登記が行われる。後見等の登記は、一定事項を「**後見登記等ファイル**」に記録することにより行われる。

(3)　成年後見人・保佐人・補助人の義務

❶　意思尊重・身上配慮義務

　成年後見人は、成年被後見人の生活、療育看護と財産の管理に関する事務を行うにあたっては、成年被後見人の意思を尊重し、その心身状態・生活状況に配慮しなければならない（民法858条）。保佐人・補助人についても、同様の義務が定められている（同法876条の5第1項、876条の10第1項）。

❷　善管注意義務

　成年後見人・保佐人・補助人は、受任者として、善良な管理者の

注意義務を負う（民法869条、876条の5第2項、876条の10第1項、644条）。

❸ 監督を受けること

家庭裁判所は、必要があると認めるときは、被後見人、その親族（6親等内血族・配偶者・3親等内姻族）もしくは後見人の請求により、または職権で、「**後見監督人**」を選任できる（民法849条）。弁護士や司法書士などの専門職が選任される。後見人の配偶者、直系血族および兄弟姉妹は、後見監督人となることはできない（同法850条）。

後見監督人の職務は、後見人の事務の監督、後見人が欠けた場合の家庭裁判所への後見人選任請求、急迫事情がある場合の必要な処分および後見人・その代表者と被後見人との利益相反行為についての被後見人の代表である（同法851条）。

後見監督人は、後見人から被後見人に対する債権・債務の申出を受けること（同法855条）、後見事務の監督権限（同法863条1項）、後見人の行為・同意への同意権（同法864条）、後見人の違反行為の取消権（同法865条）や後見人の被後見人からの財産または被後見人への第3者の権利の譲受けの取消権（同法866条）を有する。

保佐人と補助人も、それぞれ家庭裁判所に選任された「**保佐監督人**」と「**補助監督人**」の監督を受ける（同法876条の3、876条の8）。

❹ 成年後見人の財産調査・財産目録作成義務

後見人は、遅滞なく被後見人の財産の調査に着手し、原則として1か月以内に調査を終えて財産目録を作成しなければならない（民法853条1項）。後見監督人がある場合には、その立会いが必要であ

る（同条2項）。後見人が就職した後に包括財産を取得した場合（相続や包括遺贈）も、同様である（同法856条）。

❺ 成年後見人の利益相反行為の場合における特別代理人の選任

後見人は、後見監督人がある場合を除き、被後見人との利益相反行為については、特別代理人の選任を家庭裁判所に請求しなければならない（民法860条、826条）。

(4) 後見制度支援信託

後見制度支援信託は、法定後見の被後見人の財産の安全・確実な管理のため、被後見人の財産のうち、日常的な支払をするのに必要十分な資金を預貯金等として後見人（「**親族後見人**」を含む）が管理し、通常使用しない資金を信託銀行等に信託して、信託銀行等が管理する仕組みのことである。

信託銀行等や信託財産額については、原則として「**専門職後見人**」（弁護士や司法書士など）が本人を代理して決めた上で、家庭裁判所の指示を受けて、信託銀行等との間で信託契約を締結する。

信託銀行等は、信託契約締結後、信託契約で定められた金額を定期的に後見人が管理する預貯金口座に交付し（「**定期交付**」）、後見人は、本人の医療目的などのために資金が不足する場合には、家庭裁判所の指示書を得て、信託銀行等から交付を受ける（「**一時金交付**」）。

(5) 任意後見制度

❶ 概　要

任意後見契約は、契約自由の原則が働くが、一定の任意後見契約は、「**任意後見契約に関する法律**」（任意後見法）により、規律されている。対象となる「**任意後見契約**」は以下の内容であり、「**任意後見監督人**」が選任されることが要件となっている。

・「委任者が、受任者に対し、精神上の障害により事理を弁識する能力が不十分な状況における自己の生活、療育看護及び財産の管理に関する事務の全部又は一部を委託し、その委託に係る事務について代理権を付与する委任契約」であること。
・「任意後見監督人が選任された時からその効力を生ずる旨の定めのあるもの」であること。

「**任意後見人**」は、任意後見監督人が選任された後における任意保険契約の受任者である。

❷ 公正証書と登記

任意後見契約は、公正証書によってしなければならない（任意後見法3条）。

公証人は、公正証書を作成したときは、任意後見契約の登録を嘱託しなければならない（公証人法57条の3）。これにより、任意後見契約は登記される（後見登記等に関する法律5条）。

❸ 任意後見監督人の選任

任意後見契約が登記されている場合において、精神上の障害により本人の事理を弁識する能力が不十分な状況にあるときは、家庭裁

判所は、本人、配偶者、4親等内親族または「**任意後見受任者**」（任意後見監督人が選任される前における任意後見契約の受任者）の請求により、任意後見監督人を選任する（任意後見法4条）。

任意後見受任者・任意後見人の配偶者、直系血族と兄弟姉妹は、任意後見監督人となることはできない（同法5条）。

❹ 任意後見人の意思尊重・身上配慮義務

任意後見人は、任意後見人の事務を行うにあたっては、本人の意思を尊重し、その心身状態・生活状況に配慮しなければならない（任意後見法6条）。

❺ 任意後見監督人の善管注意義務

任意後見監督人は、受任者として、善良な管理者の注意義務を負う（任意後見法7条4項、民法644条）。

❻ 任意後見監督人による監督

任意後見監督人の職務は、任意後見人の事務の監督、任意後見人の事務に関する家庭裁判所への定期報告、急迫事情がある場合の任意後見人の代理権の範囲内における必要な処分および任意後見人・その代表者と本人との利益相反行為についての本人の代表である（任意後見法7条1項）。

第6章 財産・事業の承継のリスク管理

1 相続・贈与と相続税・贈与税

2013（平成25）年度相続税制度改正により2015年1月1日以後の相続・遺贈から相続税の負担増があることから、相続対策が注目されている。財産・事業の承継のリスク管理の問題である。

2 相続の仕組み[1]

(1) 相続の開始

相続は、人（被相続人）の死亡によって開始する（民法882条[2]）。相続開始の場所は、被相続人の住所である（883条）。

(2) 相続人と相続財産

❶ 相 続 人

相続人は、相続開始時から、被相続人の一身に専属した権利を除き、被相続人の財産に属した一切の権利義務を承継する（896条）。相続人は、被相続人の地位を包括的に承継する。

❷ 相続財産の範囲

相続財産には、積極財産（不動産・動産・金融資産など）のみなら

---

1 近江幸治『民法講義Ⅶ　親族法・相続法』（成文堂、2010）参照。
2 以下、条文の引用は民法の条文である。

152

ず、消極財産（金融負債や損害賠償債務など）も含まれる。

相続財産に含まれるものとして、①賃借人の地位、②金銭保証債務、③賃借人保証債務、④占有権や、⑤損害賠償請求権などがあげられている。

相続財産に含まれないものとして、①身元保証債務、②継続的な取引における信用保証債務、③被相続人が自己を保険契約者と被保険者として共同相続人の一部を保険金受取人とする死亡保険金請求権や、④死亡退職金・遺族年金の受給権などがあげられている。

④の死亡保険金請求権は、保険金受取人の固有財産であって相続財産に含まれないことから、遺産分割の対象とならず、早期の現金化が可能であるとのメリットがある。

❸ 相続財産の共有

相続人が複数あるときは、相続財産は、その共有に属する（898条）。

相続財産の「共有」については、民法249条以下に規定する「共有」とその性質を異にするものではないと解されている（共有説）。

❹ 可分債権・債務の取扱い

相続財産中の可分債権は、法律上当然に分割され、各共同相続人がその相続人に応じて権利を承継され、遺産分割の対象とならないと解されている（当然分割承継説）。可分債務・連帯債務についても同様に解されている。

従来の金融機関実務では、被相続人の預金債権について共同相続人の一部から法定相続分に即した払戻請求があった場合でも、共同相続人間の遺産争いに巻きこまれることを回避するためもあって、

共同相続人の合意による払戻請求または遺産分割協議書に基づく払戻請求を要求し、共同相続人の一部からの払戻請求には応じない取扱いをしていたようである（合有説的取扱い）。しかし、当然分割承継説のもとでは、共同相続人の一部からの払戻請求は可能であることになる。

相続人は、葬儀費用や相続税の納税資金のために現金を必要とすることから、預金の払戻しができない可能性があると、困ることになる。このため、生命保険会社や信託銀行は、生命保険金や信託商品を活用して相続人が現金を確保することを提案している。

❺ 不可分債権・債務の取扱い

不可分債権・債務（債権・債務の目的がその性質上または当事者の意思表示によって不可分であるもの）については、各共同相続人が不可分債権・債務を承継する。

(3) 法定相続人

❶ 胎児の取扱い

法定相続人は、相続開始時（被相続人の死亡時）に存在している必要がある。たとえば、被相続人の配偶者は常に相続人になる（890条）、被相続人の死亡より前に配偶者が死亡していた場合には、亡配偶者は相続人になれない。

ただし、胎児は、死体で生まれた場合を除き、相続については、すでに生まれたものとみなされる（886条）。

❷ 配偶者と子（第1順位）

法定相続人は、被相続人の配偶者と子である（887条1項、890

条)。内縁関係の配偶者には相続権はない。

子は、嫡出子・非嫡出子を問わず、実子・養子を問わず、相続権を有する。

非嫡出子が父から相続する場合には、父の認知が必要であるが、母から相続する場合には、母の認知は不要である。認知は、戸籍法の認知届によってするが、遺言によってもすることができる（781条）。認知は、出生時にさかのぼって効力を生ずる（784条）。

被相続人の子が、相続の開始以前に死亡したときは、その者の子（被相続人の直系卑属である孫以下）が相続人となる（代襲相続）（887条2項・3項）。被相続人の子が、相続開始前に、相続欠格・廃除により相続権を失ったときも、代襲相続が生じる。

❸ 配偶者と直系尊属（第2順位）

被相続人に子（代襲者を含む）がいない場合には、法定相続人は、被相続人の配偶者と直系尊属（父母・祖父母など）である（889条1項1号、890条）。

直系尊属は、親等の異なる者の間では、その近い者を先にする。被相続人の父母と祖父母がいる場合には、父母を先にする。

❹ 配偶者と兄弟姉妹（第3順位）

被相続人に子（代襲者）も直系尊属もいない場合には、法定相続人は、被相続人の配偶者と兄弟姉妹である（889条1項2号、890条）。

兄弟姉妹が相続の開始以前に死亡したときは、その者の子（被相続人の甥姪）が相続人となる（代襲相続）（889条2項）。被相続人の兄弟姉妹が、相続開始前に、相続欠格・廃除により相続権を失った

ときも、代襲相続が生じる。

❺ 相続人の欠格事由

以下の者（相続欠格者）は、相続人となることができない。相続欠格者に該当すれば、当然に相続資格を失う（891条）。

・故意に被相続人または相続について先順位・同順位にある者を死亡するに至らせ、または至らせようとしたために、刑に処せられた者
・被相続人の殺害されたことを知って、これを告発せず、または告発しなかった者
・詐欺または強迫によって、被相続人が相続人に関する遺言をし、撤回・取消し・変更することを妨げた者
・詐欺または強迫によって、被相続人に相続に関する遺言をさせ、撤回・取消し・変更させた者
・相続に関する被相続人の遺言書を偽造・変造・破棄・隠匿した者

❻ 推定相続人の廃除

遺留分を有する推定相続人（相続を開始した場合に相続人となるべき者）が、被相続人に対して虐待をし、もしくは重大な侮辱を加えたとき、または推定相続人にその他の著しい非行があったときは、被相続人は、その推定相続人の廃除を家庭裁判所に請求できる（892条）。廃除が確定したときは、被廃除者は当然に相続権を失う。

また、被相続人は、遺言で推定相続人を廃除する意思を表示できる（893条）。この場合、遺言執行者は、遺言が効力を生じた後、遅滞なく、その推定相続人の廃除を家庭裁判所に請求しなければならない。廃除が確定したときは、被相続人の死亡時にさかのぼって効

力を生ずる。

ただし、被相続人は、いつでも、推定相続人の廃除の取消しを家庭裁判所に請求できる（894条1項）。遺言による廃除の取消しの意思表示も可能である（同条2項）。

(4) 法定相続分

❶ 相 続 分

各共同相続人は、その相続分に応じて被相続人の権利義務を承継する（899条）。

❷ 配偶者と子（第1順位）の法定相続分

被相続人の配偶者と子（代襲相続人を含む）が相続人である場合の法定相続分は、「**配偶者2分の1、子2分の1**」である（900条1号）。

子が複数あるときは、各自の相続分は原則として平等である（同条4号）。非嫡出子の法定相続分を嫡出子の相続分の2分の1とする民法の規定（同号ただし書前段）については、最高裁判所の大法廷決定（2013（平成25）年9月4日）により、遅くとも2001（平成13）年7月当時において憲法14条1項（法の下の平等）に違反していたと判断され、この規定を削除して非嫡出子の相続分を嫡出子の相続分と同等とする民法改正法が2013年12月5日に国会で成立した。最高裁は同時に、この憲法違反との判断がすでに行われた遺産分割などの効力にさかのぼって影響を及ぼすものではないと判断している。

代襲相続人の法定相続分は、その直系尊属が受けるべきであった

ものと同じである（901条1項）。

被相続人の配偶者と子（代襲相続人を含む）が相続人である場合、それぞれ遺留分を有する。遺留分割合は、あわせて被相続人の財産の2分の1であり（1028条2号）、そのうち各遺留分権利者の各遺留分割合は各法定相続分による（1044条、900条）。

❸ 配偶者と直系尊属（第2順位）の法定相続分

被相続人の配偶者と直系尊属が相続人である場合の法定相続分は、「**配偶者3分の2、直系尊属3分の1**」である（900条2号）。

直系尊属が複数あるときは、各自の相続分は平等である（同条4号）。

被相続人の配偶者と直系尊属が相続人である場合、それぞれ遺留分を有する。遺留分割合は、あわせて被相続人の財産の2分の1であり（1028条2号）、そのうち各遺留分権利者の各遺留分割合は各法定相続分による（1044条、900条）。直系尊属のみが相続人である場合の遺留分割合は、被相続人の財産の3分の1である（1028条1号）。

❹ 配偶者と兄弟姉妹（第3順位）の法定相続分

被相続人の配偶者と兄弟姉妹（代襲相続人を含む）が相続人である場合の法定相続分は、「**配偶者4分の3、兄弟姉妹4分の1**」である（900条3号）。

兄弟姉妹が複数あるときは、各自の法定相続分は原則として平等である（同条4号）。ただし、父母の一方のみを同じくする兄弟姉妹の法定相続分は、父母の双方を同じくする兄弟姉妹の法定相続分の2分の1である。

代襲相続人の法定相続分は、その直系尊属が受けるべきであったものと同じである（901条2項）。

　被相続人の配偶者と兄弟姉妹（代襲相続人を含む）が相続人である場合、配偶者は遺留分を有するが、兄弟姉妹（代襲相続人を含む）は遺留分を有しない。配偶者の遺留分割合は、被相続人の財産の2分の1である（1028条2号）。

(5) 指定相続分

　被相続人は、遺言（いごん）により、法定相続分と異なる割合の共同相続人の相続分を定め、これを定めることを第三者に委託できる（902条1項）。

　被相続人が共同相続人の一部の者の相続分のみを定め、または第三者に定めさせたときは、他の共同相続人の相続分は、法定相続分による（同条2項）。

　ただし、被相続人または第三者は、遺留分に関する規定に違反できない（同条1項）。

(6) 特別受益者の相続分の減額

　共同相続人中に、被相続人から、遺贈を受け、または婚姻・養子縁組のためもしくは生計資本として贈与を受けた者があるときは、被相続人が相続開始時において有した財産の価額にその贈与の価額を加えたものを相続財産とみなす（903条1項）。

　共同相続人の「特別受益」が相続財産に加算される。死亡保険金請求権または死亡保険金は、遺贈・贈与にかかる財産にあたらない

と解されている。

　その上で、法定相続分・指定相続分の規定（900条〜902条）により算定した相続分のなかからその遺贈・贈与の価額を控除した残額をもって、その者の相続分とする（903条1項）。特別受益者の相続分が特別受益分だけ減額される。遺贈・贈与の価額が相続分の価額以上であるときは、受遺者・受贈者は、その相続分を受けることができない（同条2項）。

　被相続人がこれらと異なる意思表示をしたときは、その意思表示は、遺留分に関する規定に違反しない範囲で、効力を有する（同条3項）。

(7) 特別寄与分の相続分の増額

　共同相続人中に、被相続人の事業に関する労務提供・財産給付、被相続人の療養看護その他の方法により被相続人の財産の維持・増加について特別の寄与をした者があるときは、被相続人が相続開始時において有した財産の価額から、共同相続人の協議で定めたその者の寄与分を控除したものを相続財産とみなす（904条の2第1項）。特別寄与分が相続財産から控除される。

　その上で、法定相続分・指定相続分の規定（900条〜902条）により算定した相続分に寄与分を加えた額をもって、その者の相続分とする（904条の2第1項）。特別寄与者の相続分が特別寄与分だけ増額される。

　内縁の妻は、相続人でないから、特別寄与分を請求できない。

(8) 遺　　贈

❶ 概　　要

被相続人は、遺言（いごん）により、包括または特定の名義で、その財産の全部または一部を処分できる（964条）。それぞれ「**包括遺贈**」と「**特定遺贈**」と呼ばれる。

ただし、被相続人は、遺留分に関する規定に違反できない（同条）。

❷ 受遺者の地位

受遺者は、相続人である場合も相続人でない場合もあるが、相続人でない場合であっても、相続人と同様の立場に立つ。

胎児も受遺者になれ（965条、886条）、受遺者にも欠格事由が適用される（965条、891条）。包括受遺者は、相続人と同一の権利義務を有する（990条）。

❸ 遺贈の効力

遺言者の死亡により特定遺贈の目的である財産は、受遺者に移転すると解されている。不動産の遺贈を受けた者は、その旨の所有権移転登記を経由しないと、第三者に対抗できないと解されている。

遺贈は、遺言者の死亡以前に受遺者が死亡したときは、効力を生じない（994条1項）。受遺者は、遺言者の死亡後、いつでも、遺贈を放棄できる（986条1項）。遺贈の放棄は、遺言者の死亡時にさかのぼって効力を生ずる（同条2項）。

遺贈が、その効力を生じないとき、または放棄によってその効力を失ったときは、受遺者が受けるべきものであったものは、相続人

に帰属する（995条）。

(9) 遺 留 分

❶ 遺留分の概要

兄弟姉妹以外の法定相続人（代襲相続人を含む）は、「遺留分（いりゅうぶん）」を有する（1028条、1044条、887条2項・3項、901条1項）。遺留分は、被相続人の配偶者・子と法定相続人になる場合の直系尊属に必ず認められている最低限の相続分である。兄弟姉妹には遺留分はない。

被相続人は、遺言による相続分の指定や遺贈・贈与によっても、遺留分を侵害することはできない（885条2項、902条1項、903条3項、964条、1021条ただし書）。

相続開始前の遺留分の放棄には、家庭裁判所の許可が必要である（1043条1項）。

❷ 遺留分割合

遺留分は、直系尊属のみが相続人である場合は被相続人の財産の「**3分の1**」、直系尊属のみが相続人である場合以外の場合は被相続人の財産の「**2分の1**」である。

これは、遺留分権利者全体が有する遺留分割合である。各遺留分権利者の有する各遺留分は、全体の遺留分割合（2分の1または3分の1）に各遺留分権利者の法定相続分の割合を乗じたものである（1044条、900条）。

❸ 遺留分算定の基礎となる被相続人の財産

遺留分は、「被相続人が相続開始の時において有していた財産の

価額」にその「贈与した財産の価額」および「共同相続人の特別受益分」を加えた額から「債務全額」を控除して、算定する（1029条1項、1044条、903条）。

贈与は、相続開始前1年間にしたものに限り、その価額が加算するが、当事者双方が遺留分権利者に損害を加えることを知って贈与をしたときは、1年前の日より前にしたものについても加算する（1030条）。

❹ 遺留分減殺請求権

遺留分権利者とその承継人は、被相続人がした遺贈または贈与（原則として相続開始前1年間にした贈与）により、遺留分が侵害されたと考える場合には、遺留分を保全するのに必要な限度で、遺贈と贈与の減殺（げんさい）を請求できる（1031条）。

遺留分減殺請求権の行使は、受遺者または受贈者に対する意思表示によってすれば足り、必ずしも裁判上の請求による必要はない。遺留分減殺請求権は形成権であり、いったん減殺の意思表示がされた以上、法律上当然に減殺の効力が生ずる。

すなわち、遺留分権利者の減殺請求により遺贈・贈与は遺留分を侵害する限度において失効し、受遺者・受贈者が取得した権利は、その限度で当然に減殺請求した遺留分権利者に帰属する。また、遺留分減殺請求により相続分の指定が減殺された場合、遺留分割合を超える相続分を指定された相続人の指定相続分は、その遺留分割合を超える部分の割合に応じて修正される。

受贈者・受遺者は、減殺を受けるべき限度において、贈与・遺贈の目的の価額を弁償して、贈与・遺贈の目的物の返還の義務を免れ

ることができる（1041条１項）。

　遺留分減殺請求権は、遺留分権利者が、相続の開始と減殺すべき贈与・遺贈があったことを知った時から１年間行使しないとき、または相続開始時から10年を経過したときは、時効によって消滅する（1042条）。

❺　中小企業の事業承継にかかる遺留分の特例

　「**中小企業における経営の承継の円滑化に関する法律**」（中小企業経営承継円滑化法）は、中小企業について、代表者の死亡等に起因する経営の承継がその事業活動の継続に影響を及ぼすことから、遺留分に関する民法の特例が定められている。中小企業庁財務課「**中小企業経営承継円滑化法申請マニュアル**」（2013（平成25年）４月改訂）が策定されている。

　同法の対象となる「**中小企業者**」とは、表６－１に示す者である。資本金額等と常時使用従業員数の各要件のいずれかを満たせばよい。遺留分に関する特例の対象となる「**特例中小企業者**」は、３年以上継続して事業を行っている中小企業者である。

　遺留分に関する特例は、特例中小企業者の「**後継者**」が「**旧代表者**」から自社株式等の贈与を受けた場合または旧代表者の推定相続人から相続・遺贈・贈与により自社株式等を取得した場合について、以下の特例を定めるものである。後継者がすでに過半数の議決権を有する場合には適用されない。

・当該自社株式等の価額を遺留分算定財産価額に算入しないこと（「**除外合意**」）。
・当該自社株式等にかかる遺留分算定財産価額に算入すべき価額を

表6-1 「中小企業者」

業　種	資本金額等 (会社)	常時使用従業員数 (会社・個人)
① 製造業・建設業・運輸業その他（②〜⑦を除く）	3億円以下	300人以下
② ゴム製品製造業（自動車・航空機用タイヤとチューブ製造業および工業用ベルト製造業を除く）	3億円以下	900人以下
③ 卸売業	1億円以下	100人以下
④ 小売業	5,000万円以下	50人以下
⑤ サービス業（⑥⑦を除く）	5,000万円以下	100人以下
⑥ ソフトウェア業または情報処理サービス業	3億円以下	300人以下
⑦ 旅館業	5,000万円以下	200人以下

推定相続人間の合意時の価額に固定すること（「**固定合意**」）（弁護士・弁護士法人・公認会計士・監査法人・税理士・税理士法人の価額証明が必要）。

「旧代表者」は、特例中小企業者の代表者であった者（代表者である者を含む）である。「後継者」は、旧代表者の遺留分を有する推定相続人のうちの1人であって、旧代表者からの贈与などにより、当該特例中小企業者の株式等の過半数の議決権を有し、かつ、当該特例中小企業者の代表者である者である。

遺留分に関する特例の適用を受けるためには、以下の手続が必要となる。

・旧代表者の遺留分を有する推定相続人全員が書面で合意するこ

と。
- 旧代表者の遺留分を有する推定相続人全員が当該合意にあわせて書面で、後継者が合意対象の株式等を処分する行為をした場合または旧代表者の生存中に代表者として経営に従事しなくなった場合に、後継者以外の推定相続人がとることのできる措置に関する定めをすること。
- 経済産業大臣が特例要件への該当性を確認すること。
- 経済産業大臣の確認を受けた者が確認を受けた日から1か月以内に申立てをして、家庭裁判所の許可を受けること。

⑽ 遺　　言

❶ 遺言能力

15歳に達した者は、遺言をすることができる（961条）。遺言には、法定代理人・保佐人・補助人の同意は不要であり、後見人は成年被後見人の遺言の取消権をもたない（962条）。

ただし、遺言者は、遺言をする時においてその能力（意思能力）を有しなければならない（963条）。

❷ 遺言の効力

遺言は、遺言者の死亡の時からその効力を生ずる（985条1項）。

❸ 遺言法定主義

遺言は、民法に定める方式に従ってしなければ、することができない（960条）。

❹ 遺言の解釈論

遺言の解釈にあたっては、遺言書の文言を形式的に判断するだけ

ではなく、遺言者の真意を探求すべきものであり、遺言書が多数の条項からなる場合にそのうちの特定の条項を解釈するにあたっても、単に遺言書のなかから当該条項のみを他から切り離して抽出しその文言を形式的に解釈するだけでは十分ではなく、遺言書の全記載との関連、遺言書作成当時の事情と遺言者の置かれていた状況などを考慮して、遺言者の真意を探求して当該条項の趣旨を確定するべきであると解されている。

❺ 特定財産を「相続させる」趣旨の遺言の解釈

特定の遺産を相続人に「相続させる」趣旨の遺言は、遺言書の記載から、その趣旨が遺贈であることが明らかであるか、または遺贈と解すべき特段の事情がない限り、特定遺贈（964条）ではなく、遺産分割方法の指定（908条）であると解されている。

この場合、遺言書において、相続による承継を当該相続人の意思表示にかからせたなどの特段の事情のない限り、何らの行為も要せずして、被相続人の死亡時に直ちに当該遺産は当該相続人により承継され、これにより不動産を取得した相続人は、登記なしに当該権利を第三者に対抗できると解されている。

❻ 遺言の内容

被相続人は、遺言により、共同相続人の指定相続分を定め、もしくはその定めを第三者に委託でき（902条1項）、または包括遺贈・特定遺贈をできる（964条）。いずれの場合も、遺留分に関する規定に違反できない。

❼ 被後見人の遺言の制限

被後見人が後見の計算の終了前に、後見人またはその配偶者・直

系卑属の利益となるべき遺言をしたときは、被後見人の直系血族・配偶者・兄弟姉妹が後見人である場合を除き、その遺言は無効である（966条）。

❽　遺言方式の概要

遺言の方式には、「**普通の方式**」と「**特別の方式**」がある（967条）。

「普通の方式」による遺言には、「自筆証書遺言」（968条）、「公正証書遺言」（969条、969条の2）および「秘密証書遺言」（970条〜972条）の3種類がある。遺言は、2人以上の者が同一の証書ですることができない（共同遺言の禁止（975条））。

「特別の方式」による遺言には、死亡の危急に迫った者の遺言（976条）、伝染病隔離者の遺言（977条）、在船者の遺言（978条）と船舶遭難者の遺言（979条）がある。特別方式による遺言は、遺言者が普通方式によって遺言できるようになった時から6か月間生存するときは、その効力を生じない（983条）。

❾　自筆証書遺言

自筆証書遺言は、遺言者が、その全文、日付と氏名を自署し、これに印を押さなければならない（968条1項）。

自署である必要があり、代筆は認められない。押印は、印章（実印でなくてもいい）に代えて拇印でもいい。

自筆証書遺言中の加除その他の変更は、遺言者が、その場所を指示し、これを変更した旨を付記して特にこれに署名し、かつ、その変更の場所に印を押さなければ、効力を生じない（同条2項）。

⑩ 公正証書遺言

公正証書遺言は、以下の方式に従わなければならない（969条）。
・証人2人以上の立会いがあること。
・遺言者が遺言の趣旨を公証人に口授（くじゅ）すること。
・公証人が、遺言者の口述を筆記し、これを遺言者と公証人に読み聞かせ、または閲覧させること
・遺言者と証人が、筆記の正確なことを承認した後、各自これに署名し、印を押すこと。ただし、遺言者が署名できない場合は、公証人がその事由を付記して、署名に代えることができる。
・公証人が、その証書は以上の方式に従って作ったものである旨を付記し、これに署名し、印を押すこと。

口がきけない者が公正証書遺言をする場合、または遺言者・証人が耳が聞こえない者である場合における公正証書遺言の方式の特則が定められている（969条の2）。日本の領事の駐在地にある日本人が公正証書遺言をしようとするときは、公証人の職務は領事が行う（984条）。

⑪ 秘密証書遺言

秘密証書遺言は、以下の方式に従わなければならない（970条1項）。
・遺言者が、その証書に署名し、印を押すこと。
・遺言者が、その証書を封じ、証書に用いた印章をもってこれに封印すること。
・遺言者が、公証人1人と証人2人以上の前に封書を提出して、自己の遺言書である旨とその筆者の氏名・住所を申述すること。

第6章　財産・事業の承継のリスク管理　169

・公証人が、その証書を提出した日付と遺言者の申述を封紙に記載した後、遺言者と証人とともにこれに署名し、印を押すこと。

秘密証書遺言中の加除その他の変更は、遺言者が、その場所を指示し、これを変更した旨を付記して特にこれに署名し、かつ、その変更の場所に印を押さなければ、効力を生じない（同条2項、968条2項）。

方式に欠ける秘密証書遺言は、自筆証書遺言の方式を具備しているときは、自筆証書遺言としての効力を有する（971条）。

口がきけない者が秘密証書遺言をする場合における秘密証書遺言の方式の特則が定められている（972条）。日本の領事の駐在地にある日本人が秘密証書遺言をしようとするときは、公証人の職務は領事が行う（984条）。

⓬　遺言の撤回

遺言者は、いつでも、遺言の方式に従って、その遺言の全部または一部を撤回できる（1022条）。遺言者は撤回する権利を放棄できない（1026条）。

前の遺言と後の遺言が抵触する場合または遺言が遺言後の生前処分その他の法律行為と抵触する場合、（前の）遺言は撤回したものとみなされる（1023条）。遺言者が故意に遺言書を破棄した場合または遺贈の目的物を破棄した場合、その破棄部分については、遺言を撤回したものとみなされる（1024条）。

撤回された遺言は、詐欺・強迫による場合を除き、その撤回行為が撤回・取消し・無効になったときでも、効力を回復しない（1025条）。

⓭　遺言の執行

　遺言書の保管者は相続開始を知った後、遺言書の保管者がない場合において相続人は遺言者を発見した後、遅滞なく、これを家庭裁判所に提出して、その検認を請求しなければならない（1004条1項）。公正証書遺言には検認手続は不要である（同条2項）。

　遺言者は、遺言で、1人または数人に遺言執行者を指定し、または指定を第三者に委託できる（指定遺言執行者（1006条1項））。遺言執行者がないとき、またはなくなったときは、家庭裁判所は、利害関係人の請求により、これを選任できる（選任遺言執行者（1010条））。

　遺言執行者は、相続財産の管理その他遺言の執行に必要な一切の行為をする権利義務を有し（1012条1項）、相続人の代理人とみなされる（1015条）。遺言執行者の報酬は、遺言者が遺言で定めた場合にはそれにより、それがない場合には家庭裁判所が定めることができる（1018条1項）。遺言の執行費用は、相続財産の負担である（1021条）。

　遺言執行者は、遅滞なく、相続財産目録を作成して、相続人に交付しなければならない（1011条1項）。

(11)　相続の承認・放棄

❶　概　　要

　相続人は、相続開始時から、被相続人の財産に属した一切の権利義務を承継する（896条）が、自らの意思により実際に承継するかどうかを決めることができる。「**単純承認**」「**限定承認**」「**放棄**」の

3種類がある。

❷ 相続の承認・放棄をすべき期間

相続人は、自己のために相続開始があったことを知った時から3か月以内に、相続について、単純承認、限定承認または放棄をしなければならない（915条1項本文）。3か月の期間は、利害関係者または検察官の請求により、家庭裁判所において伸長できる（同項ただし書）。

相続人は、相続の承認・放棄をする前に、相続財産の調査をすることができる（同条2項）。

❸ 相続の承認・放棄の撤回・取消し

相続人は、3か月の期間内でも撤回できないが、取消しは可能である（919条）。

❹ 単純承認

相続人は、単純承認をしたときは、無限に被相続人の権利義務を承継する（920条）。以下の場合には、相続人は、単純承認をしたものとみなす（921条）。

- 相続人が相続財産の全部または一部を処分したとき（保存行為・短期賃貸を除く）。
- 相続人が3か月の期間内に限定承認・相続放棄をしなかったとき。
- 相続人が限定承認・相続放棄をした後であっても、相続財産の全部・一部を隠匿し、私に消費し、または悪意で相続財産目録中に記載しなかったとき。

❺　限定承認

　相続人は、相続によって得た財産の限度においてのみ被相続人の債務と遺贈を弁済すべきことを留保して、相続の承認をすることができる（922条）。相続人が積極財産の限度でのみ消極財産を相続し、債務超過の場合には相続しない制度である。

　相続人が数人あるときは、限定承認は、共同相続人の全員が共同してのみ、することができる（923条）。

　相続人は、限定承認をしようとするときは、3か月の期間内に、相続財産目録を作成して家庭裁判所に提出し、限定承認をする旨を申述しなければならない（924条）。

　相続人が限定承認をしたときは、相続人の被相続人に対して有した権利義務は、消滅しなかったものとみなす（925条）。

　限定承認者は、限定承認した後5日以内に、すべての相続債権者（相続財産に属する債務の債権者）と受遺者に対し、限定承認をしたことと一定期間内に請求の申出をすべき旨を官報公告し、知れている相続債権者・受遺者には各別に催告し（927条）、その期間満了後は、相続財産をもって、その期間内に申出をした相続債権者その他知れている相続債権者に、優先権を有する債権者の権利を害さない範囲内で、それぞれの債権額の割合に応じて弁済をしなければならない（929条）。

　限定承認者は、各相続債権者に弁済をした後に受遺者に弁済する（931条）。

❻　相続の放棄

　相続の放棄をしようとする者は、その旨を家庭裁判所に申述しな

ければならない。相続の放棄をした者は、その相続に関しては、初めから相続人とならなかったものとみなす（939条）。

⑿ 遺産分割

❶ 概　要

相続人は、相続開始時から被相続人の財産に関して一切の権利義務を承継し（896条）、相続人が数人あるときは相続財産を共有する（898条）ことから、各共同相続人の相続分に応じ、現実に相続財産に属する個々の財産の帰属を定める遺産分割手続が必要となる。

共同相続人は、被相続人が遺言で禁じた場合を除き、いつでも、その協議で、遺産の分割をすることができる（907条1項）。遺産分割について、共同相続人間に協議が調わないとき、または協議することができないときは、各共同相続人は、遺産分割を家庭裁判所に請求できる（同条2項）。

❷ 共有物分割請求との関係

共同相続人は、遺産分割協議によるべきであって、共有物分割請求をすることはできないと解されている。

これに対し、共同相続人の1人から相続財産に属する特定財産（不動産など）にかかる共有持分権の譲渡を受けた第三者またはその差押をした第三者（債権者）が共同所有関係の解消のためにとるべき手続は、遺産分割審判ではなく共有物分割訴訟であると解されている。

❸ 遺産分割の基準

遺産の分割は、遺産に属する物または権利に種類・性質、各相続

人の年齢・職業・心身状況・生活状況その他一切の事情を考慮してこれをする (906条)。

被相続人は、遺言で、遺産分割方法を指定し、もしくは指定を第三者に委託し、または相続開始時から5年を超えない期間を定めて、遺産分割を禁止できる (908条)。

❹ 遺産分割の前提問題

遺産分割の前提問題として、相続人、相続分と相続財産の確定が必要である。

遺産分割のための相続財産評価は、相続開始時ではなく、遺産分割時における価額を基準としてなされるべきと解されている。

❺ 遺産分割の効力

遺産の分割は、相続開始の時にさかのぼって、その効力を生ずるが、第三者の権利を害することはできない (909条本文)。

遺産分割による相続財産中の不動産に対する共有持分の得喪・変更には民法177条の適用があり、分割により相続分と異なる権利を取得した相続人は、その旨の登記を経なければ、分割後に当該不動産について権利を取得した第三者に対抗できないと解されている。

⒀ 相続人の不在

❶ 相続財産法人

相続人のあることが明らかでないときは、相続財産は法人とする (951条)。家庭裁判所は、利害関係人または検察官の請求によって、相続財産の管理人を選任しなければならない (952条1項)。

第6章 財産・事業の承継のリスク管理 175

❷ 相続財産の管理人

相続財産の管理人は、相続財産法人の代理権を有する（956条1項参照）。相続財産の管理人は、相続債権者・受遺者に対する弁済をし（957条）、相続人の捜索の公告をする（958条）。

相続人として権利を主張する者がいないときは、相続人と相続財産の管理人に知れなかった相続債権者・受遺者は、権利行使できない（958条の2）。

❸ 特別縁故者

相続人として権利を主張する者がいないときは、相当と認めるときは、家庭裁判所は、被相続人と生計を同じくしていた者、被相続人の療養看護に努めた者その他被相続人と特別の縁故があった者の請求によって、これらの者に、清算後残存すべき相続財産の全部または一部を与えることができる（958条の3第1項）。

たとえば、内縁の夫婦、事実上の養親子、未認知の子、付添看護師や被相続人により長年経営されていた学校法人などが特別縁故者として認められている。

❹ 残余財産の国庫への帰属

特別縁故者に対する相続財産分与により処分されなかった相続財産は、国庫に帰属する（959条）。

3 相続税

(1) 相続税の申告期限と申告先

相続税の申告書の提出期限は、相続の開始があったことを知った日（通常は被相続人の死亡の日）の翌日から10か月以内である。

相続税の申告書の提出先は、被相続人の死亡時における住所地を所轄する税務署長である。相続人の住所地を所轄する税務署長ではない。

相続税の申告書は、共同相続人などが共同で作成して提出することも、個別に作成して提出することも、可能である。

税務署長による相続税の更正決定・賦課決定の期限は、法定申告期限から5年間（偽りその他不正行為による場合は7年間）である。

(2) 相続税の納税義務者

相続税の納税義務者は、以下の者である。②〜④は相続税法の国際的適用範囲の問題でもある。

① 相続または遺贈（贈与者の死亡により効力を生ずる贈与を含む）により財産を取得した個人で財産取得時に相続税法の施行法（日本国内）に住所を有する者。

② 相続・遺贈により財産を取得した以下の者であって、財産取得時に日本国内に住所を有しない者。

・日本国籍を有する個人（相続開始前5年以内のいずれかの時に日

第6章 財産・事業の承継のリスク管理 177

本国内に住所を有していたことがある場合に限る）。
・日本国籍を有しない者（相続開始時に日本国内に住所を有していた場合に限る）。
③　相続・遺贈により日本国内にある財産を取得した個人で財産取得時に日本国内に住所を有しない者（②を除く）。
④　贈与（贈与者の死亡により効力を生ずる贈与を除く）により相続時精算課税の適用を受ける財産を取得した個人。

(3) 相続税の申告義務者

　相続税の申告義務者は、以下の相続税の納税義務者であって、被相続人から財産を取得したすべての者にかかる相続税の「**課税価格**」の合計額が被相続人の遺産にかかる「**基礎控除額**」を超える場合において、その者の相続税の課税価格にかかる相続税額がある者である。
①　相続により財産を取得した者。
②　遺贈により財産を取得した者。「**相続税精算課税**」の適用を受けて被相続人から贈与により財産を取得した者を含む。
③　被相続人にかかる「**相続税精算課税適用者**」。

　上記に該当する場合には、配偶者は、相続税額の軽減により納付税額がゼロになる場合であっても、相続税の申告書の提出が必要である。

(4) 相続税の計算方法の概要

　相続税の計算方法は、課税遺産総額が法定相続分に応じて相続さ

表6−2 相続税の計算方法

【各人の課税価格】
① 相続・遺贈・相続時精算課税適用による財産取得者ごとに取得した財産の価額を計算する(相続税の「**非課税財産**」は含めない)。
② ①の価額からその者の負担する被相続人の債務と被相続人にかかる葬式費用を控除する。
③ ②の価額にその者が相続開始前3年以内に被相続人から贈与により取得した財産の価額を加算する[各人の課税価格]。

【課税価格の合計額】
④ すべての者の課税価格を合計する[課税価格の合計額]。

【課税遺産総額】
⑤ ③の課税価格の合計額から「**遺産にかかる基礎控除額**」を控除する[課税遺産総額]。

【相続税の総額】
⑥ ⑤の課税遺産総額が法定相続分に応じて取得したものと仮定して各財産取得者の取得金額を計算し、当該取得金額に税率を乗じて計算する。
⑦ 各人の⑥の金額を合計する[相続税の総額]。

【各人の相続税額】
⑧ ⑥の相続税の総額に、④の課税価格の合計額に占める③の各人の課税価格が占める割合を乗じて計算する。
⑨ 相続・遺贈による財産取得者が被相続人の一親等の血族(被相続人の直系卑属である代襲相続人を含む)と配偶者以外の者である場合には、⑧の相続税額の1.2倍がその相続税額である。
⑩ 「**配偶者に対する相続税額の軽減**」を適用する。
　(注) 配偶者の実際に取得した財産価額が1億6,000万円以下である場合または「④の課税価格の合計額×配偶者の法定相続分」以下である場合、配偶者の相続税額はゼロとなる。
⑪ 「**未成年者控除**」「**障害者控除**」「**相次相続控除**」「**在外財産に対する相続税額の控除**」を適用する。
⑫ 相続時精算課税にかかる贈与税の税額に相当する金額を控除する。

れたものと仮定して相続税の総額を算定した上で、その相続税の総額を相続人の実際の相続分に応じて分配して、各相続人の相続税額を計算する仕組みとなっている（表6－2）。

(5) 2013（平成25）年度相続税制度改正

❶ 基礎控除の引下げ

格差の固定化の防止等の観点から、2015年1月1日以後の相続・遺贈から、遺産にかかる基礎控除が引き下げられる（表6－3）。

法定相続人数には、相続放棄をした法定相続人の数も含まれる。被相続人に養子がいる場合における法定相続人数は、被相続人に実子がある場合には1人、被相続人に実子がいない場合には1人（養子数が1人の場合）または2人（養子数が2人以上の場合）である。

❷ 相続税率の引上げ

格差の固定化の防止等の観点から、2015年1月1日以後の相続・遺贈から、高額部分の相続税率が引き上げられる。改正前は6段階（10％・15％・20％・30％・40％・50％）であるが、改正後は8段階（10％・15％・20％・30％・40％・45％・50％・55％）となる。

改正前には税率40％の金額区分（1億円超～3億円以下）が改正後には税率40％の金額区分（1億円超～2億円以下）と税率45％の金額区分（2億円超～3億円以下）に分けられ、改正前には税率

表6－3　基礎控除の引下げ

［改正前］　5,000万円＋1,000万円×法定相続人数
［改正後］　3,000万円＋　600万円×法定相続人数

表6-4 相続税の速算表

法定相続分に応ずる取得金額	改正前 税率	改正前 控除額	改正後 税率	改正後 控除額
1,000万円以下	10%	0万円	10%	0万円
3,000万円〃	15%	50万円	15%	50万円
5,000万円〃	20%	200万円	20%	200万円
1億円〃	30%	700万円	30%	700万円
2億円〃	40%	1,700万円	40%	1,700万円
3億円〃	40%	1,700万円	45%	2,700万円
6億円〃	(3億円超)50%	4,700万円	50%	4,200万円
6億円超	(3億円超)50%	4,700万円	55%	7,200万円

(出所) 財務省資料

50%の金額区分（3億円超）が改正後には税率50%の金額区分（3億円超～6億円以下）と税率55%の金額区分（6億円超）に分けられる。

相続税の税率は「**超過累進税率**」（各法定相続人の法定相続分相当額を各税率の金額区分に区分して各金額区分に対応する税率を適用して足し合わせる方式）である。相続税額は表6-4により簡単に計算できる。

❸ 未成年者控除・障害者控除の増額

2015年1月1日以後の相続・遺贈から、未成年者控除と障害者控除が増額される（表6-5）。

❹ 小規模宅地等についての課税価格の計算の特例の緩和

相続税の基礎控除等の引下げ等にあわせて、相続人の居住や事業の継続に配慮する観点から、小規模宅地等についての課税価格の計

表6-5　未成年者控除・障害者控除の増額

> **【未成年者控除の増額】**
> ［改正前］　6万円×20歳に達するまでの年数
> ［改正後］　10万円×20歳に達するまでの年数
> **【障害者控除の増額】**
> ［改正前］　6万円（特別障害者は12万円）×85歳に達するまでの年数
> ［改正後］　10万円（特別障害者は20万円）×85歳に達するまでの年数

算の特例の緩和が行われる。

　第1に、「**特定居住用宅地等**」（相続開始直前に被相続人等の居住の用に供されていた宅地等）にかかる特例（課税価格80％減額）の適用対象面積が240㎡から330㎡までの部分に拡充される（2015年1月1日以後の相続・遺贈から適用）。

　第2に、特例対象の宅地等のすべてが「**特定事業用宅地等**」（相続開始直前において貸付事業以外の被相続人等の事業の用に供されていた宅地等）と特定居住用宅地等である場合には、両者の特例（特定事業用宅地等については400㎡部分まで課税価格80％減額）の完全な併用が可能となる（2015年1月1日以後の相続・遺贈から適用）。

　第3に、二世帯住宅について、被相続人とその親族が同居しているものとして、特定居住用宅地等にかかる特例の適用が可能となる（2014（平成26）年1月1日以後の相続・遺贈から適用）。

(6)　相続・遺贈により取得したとみなす場合

❶　保険金・共済金

　被相続人の死亡により相続人その他の者が生命保険金・生命共済

金または損害保険金・損害共済金を取得した場合、その保険金受取人・共済金受取人が被相続人の負担した保険料・共済掛金相当部分を相続・遺贈により取得したものとみなされる。

この場合、「**保険金の非課税限度額**」（500万円×法定相続人数）に基づいて計算される以下の金額が「**相続税の非課税財産**」となる。

・相続人全員が取得した保険金・共済金の合計額が保険金の非課税限度額以下である場合には、その相続人が取得した保険金・共済金の金額。

・相続人全員が取得した保険金・共済金の合計額が保険金の非課税限度額を超える場合には、「保険金の非課税限度額」×「その相続人が取得した保険金・共済金の保険金・共済金合計額に占める割合」。

被相続人が保険契約者かつ被保険者である保険契約に基づく死亡保険金は、民法上は、保険金受取人の固有財産であって相続財産とならないことから、遺産分割や遺留分の対象とならない。

❷ **退職手当金等**

被相続人の死亡により相続人その他の者が被相続人に支給されるべきであった退職手当金等で被相続人の死亡後3年以内に支給が確定したものの支給を受けた場合、その受取人が相続・遺贈により取得したものとみなされる。

この場合、「**退職手当金等の非課税限度額**」（500万円×法定相続人数）に基づいて計算される以下の金額が「**相続税の非課税財産**」となる。

・相続人全員が取得した退職手当金等の合計額が退職手当金等の非

課税限度額以下である場合には、その相続人が取得した退職手当金等の金額。

・相続人全員が取得した退職手当金等の合計額が退職手当金等の非課税限度額を超える場合には、「退職手当金等の非課税限度額」×「その相続人が取得した退職手当金等の退職手当金等合計額に占める割合」。

❸ 生命保険・生命共済契約と定期金給付契約に関する権利

相続開始時に保険・共済事故または定期金給付事由が発生していない生命保険・生命共済契約または定期金給付契約に関する権利で、被相続人が保険料・共済掛金または掛金・保険料の全部または一部を負担し、被相続人以外の者が契約者である場合、その契約者が被相続人の負担相当部分を相続・遺贈により取得したものとみなされる。これは相続税の非課税財産とならない。

❹ 特別縁故者に対する相続財産の分与

特別縁故者に対する相続財産の分与により相続財産の全部または一部を付与された場合には、その者は、付与時のその財産の時価に相当する金額を被相続人から遺贈により取得したものとみなされる。これは相続税の非課税財産とならない。

(7) 財産の評価

❶ 概　要

相続・遺贈・贈与により取得した財産の価額は、財産の取得時の「時価」により評価され、財産の価額から控除すべき債務の金額は、その時の現況により評価される。

国税庁「**財産評価基本通達**」では、財産の評価の原則について、以下のとおり定められている。
・「時価」について、「課税時期」（相続・遺贈・遺贈により財産を取得した日）において、それぞれの財産の現況に応じ、不特定多数の当事者間で自由な取引が行われる場合に通常成立すると認められる価額をいい、その価額は通達の定めによって評価した価額による。
・財産の評価にあたっては、その財産の価額に影響を及ぼすべきすべての事情を考慮する。

❷ 土地の評価

　土地は、各地目（宅地・田・畑・山林・原野・牧場・池沼・鉱泉地・雑種地）の別に評価する。

❸ 宅地の評価

　宅地とは、住宅地、商業地や工業地などの用途にかかわらず、建物の敷地となる土地をいう。

　宅地の評価方法には、「**路線価方式**」と「**倍率方式**」がある。

　路線価方式は、「**路線価**」が定められている地域（市街地的形態を形成する土地）の評価方法である。路線価とは、路線（道路）に面する標準的な宅地1㎡当たりの価額のことである。宅地の評価は、路線価をその宅地の形状等に応じた各種補正率で補正した後、その宅地の面積を掛けて計算する。

　倍率方式は、路線価の定められていない地域の評価方法である。宅地の価額は、原則として、その宅地の固定資産税評価額に「**評価倍率表**」で定める倍率を掛けて計算する。

路線価と評価倍率は、毎年１月１日を評価時点として、地価公示価格、売買実例価額、不動産鑑定士等による鑑定評価額や精通者意見価格等をもとにして算定した価格の80％により評価されている（地価公示価格の８割程度が目途）。土地の固定資産税評価額は、総務省の定める固定資産評価基準に基づき、地価公示価格の７割程度を目途に評価されている。

❹　土地の上に存する権利の評価

　土地の上に存する権利の価額は、各権利（地上権・区分地上権・永小作権・区分地上権に準ずる地役権・借地権・定期借地権等・耕作権・温泉権・賃借権・占用権）の別に評価する。

　借地権は、原則として、路線価方式または倍率方式により評価した価額に「**借地権割合**」を掛けて計算する。定期借地権は、原則として、相続開始時に借地権者に帰属する経済的利益とその存続期間をもとに計算する。

　逆に、貸宅地は、原則として、路線価方式または倍率方式により評価した価額から、借地権・定期借地権等の割合を差し引いて計算する。貸家付宅地は、原則として、路線価方式または倍率方式により評価した価額から、借家人の有する敷地に対する権利の価額を差し引いて計算する。

❺　家屋の評価

　家屋の価額は、原則として、固定資産税評価額により評価する。

　家屋の固定資産税評価額は、総務省の定める固定資産評価基準に基づき、再建築費を基準として評価する方法（「**再建築価格方式**」）により算出される。再建築価格方式は、評価時点に評価対象家屋と

同一のものをその場所に新築するとした場合に必要な建築費を求め、その家屋の建築後の経過年数に応じた減価を考慮する。評価額は3年ごとに見直される。

貸家の価額は、「家屋の価額－家屋の価額×借家権割合×家屋にかかる賃貸割合」により計算した価額によって評価する。

借家権の割合は、「家屋の価額×借家権割合×賃借割合」により計算した価額により評価する。ただし、借家権が権利金等の名称をもって取引される慣行のない地域にあるものについては、評価しない。

❻ 上場株式の評価

原則として、相続開始があった日の終値、月の終値の月平均額、前月の終値の月平均額または前々月の終値の月平均額のうち、最も低い価額による。

❼ 取引相場のない株式の評価

取引相場のない株式の評価については、「**評価会社**」（株式の発行会社）の従業員数、業種、総資産価額（帳簿価額ベース）と直前期末以前1年間における取引金額に応じて、「**大会社**」「**中会社**」「**小会社**」に区分する。

評価方式には、「**類似業種比準方式**」と「**純資産価額方式**」がある。

「類似業種比準方式」は「**類似業種比準価額**」により評価する方式である。類似業種比準方式は、1株当たりの配当金額、年利益金額と純資産価額（帳簿価額ベース）（3要素のウェイトは配当金額・純資産価額が各1、年利益金額が3）について評価会社のものと類似業

種のものを比較し、その割合をもとにして類似業種の株価から評価会社の株式の価額を計算するものである。

「純資産価額方式」は、評価会社の１株当たりの純資産価額（相続税評価額によって計算した金額）により評価する方式である。

大会社の株式の評価については、類似業種比準方式と純資産価額方式の選択が可能である。中会社の株式の評価については、類似業種比準方式・純資産価額方式の併用方式と純資産価額方式の選択が可能である。小会社の株式の評価については、純資産価額方式と類似業種比準方式・純資産価額方式の併用方式の選択が可能である。

ただし、「株式保有特定会社」の株式、「土地保有特定会社」の株式と「開業後３年未満の会社等」の株式の評価については、純資産価額方式である。

(8) 事業承継税制による相続税の納税猶予措置

❶ 概　　要

一定の「**中小企業者**」の後継者である相続人・受贈者（「**経営承継相続人等**」）は、「**非上場株式等**」を被相続人から取得して中小企業者の経営をしていく場合には、その経営承継相続人等が納付すべき相続税のうち、議決権の３分の２に達するまでの非上場株式等にかかる課税価格の80％に対応する相続税の納税が猶予される（「**株式等納税猶予税額**」）。

相続時精算課税にかかる贈与によって取得した非上場株式等については、原則として納税猶予措置の適用を受けられない。

また、非上場株式等についての贈与税の納税猶予措置の適用を受

け、その適用を受けた株式等と同一の株式等で、贈与者の死亡に起因して実際に取得（相続・遺贈）したものについては、非上場株式等の相続税の納税猶予措置の適用を受けることができない。

❷ 納税猶予措置を受けるための要件

相続税の納税猶予措置を受けるための要件として、会社の要件、被相続人の要件と経営承継相続人等の要件がある（表6－6）。

❸ 納税猶予措置を受けるための手続

納税猶予措置を受けるための手続は、相続税の申告書を申告期限内に提出するとともに、株式等納税猶予税額と利子税に見合う担保を提供する必要がある。特例非上場株式等のすべてを担保として提供した場合には、見合う担保の提供があったものとみなされる。

❹ 納税猶予措置を受け続けるための手続・要件（相続税申告期限後5年間）

納税猶予措置を受け続けるための手続として、相続税申告期限後5年間は、毎年「**継続届出書**」を提出する必要がある。

そして、以下のいずれかの場合には、納税猶予措置を継続することができず、猶予税額全額と利子税を一括して納付する必要がある。

・特例非上場株式等について譲渡・贈与があった場合。
・経営承継相談人等が代表者でなくなった場合。
・経営承継相談人等が筆頭株主でなくなった場合。
・雇用の8割を確保できなくなった場合。
・会社が上場会社・資産管理会社・風俗営業会社に該当した場合

表6－6　相続税にかかる納税猶予措置を受けるための要件

【会社の要件】
・経済産業大臣の認定を受けていること。
・非上場会社であること。
・「資産管理会社」（資産保有型会社・資産運用型会社）でないこと。
・「風俗営業会社」でないこと。
・相続開始時に常時使用する従業員数が1人以上であること。
・直前事業年度の総収入金額がゼロを超えること。
・その他

【被相続人の要件】
・会社の代表者であったこと。
・相続開始直前に被相続人とその親族等の特別関係者が過半数の議決権数を保有し、経営承継相続人等を除くこれらの者の中で被相続人が筆頭株主であったこと。
・相続開始直前に会社の代表者でなかった場合には代表権を有していたいずれかの日において上記の保有状況であったこと。

【経営承継相続人等の要件】
・**特例非上場株式等**」（この特例の適用を受けた非上場株式等）にかかる会社1社につき1人であること。
・相続開始直前に被相続人の親族であること。
・相続開始直前に会社の役員であったこと（被相続人が60歳未満で死亡した場合等を除く）。
・相続開始日の翌日から5か月後に会社の代表者であること。
・相続開始時に経営承継相続人等とその親族等の特別関係者が過半数の議決権数を保有し、これらの者の中で経営承継相続人等が筆頭株主であったこと。
・相続開始日から申告期限まで引き続き特例非上場株式等のすべてを保有していること。

❺ 納税猶予措置を受け続けるための手続・要件（相続税申告期限後5年経過後）

納税猶予措置を受け続けるための手続として、相続税申告期限後5年間経過後は、3年ごとに「**継続届出書**」を提出する必要がある。

そして、以下のいずれかの場合には、納税猶予措置を継続することができず、猶予税額全額と利子税の全部または一部を納付する必要がある。

・特例非上場株式等について譲渡・贈与があった場合（譲渡・贈与部分割合に応じた猶予税額と利子税を納付）。
・資産管理会社に該当した場合（全額納付）。

❻ 猶予税額の免除

経営承継相続人等が死亡した場合には、株式等納税猶予税額の全額が免除される。

また、相続税申告期限5年経過後は、以下の場合に、株式等納税猶予税額の一部が免除される。

・経営承継相続人等が特例非上場株式等を会社の後継者に贈与して贈与税の納税猶予を受ける場合。
・経営承継相続人等が特例非上場株式等の全部を親族等の特別関係者以外の者に譲渡・贈与したなどの場合。
・会社について破産手続開始決定または特別清算開始命令があった場合。

❼ 2013（平成25）年度税制改正

より多くの中小企業経営者が安心して制度を活用できるよう、

2013(平成25)年度税制改正により、制度の使い勝手を高める改正が行われている。2015年1月1日以後に相続・遺贈により取得する財産にかかる相続税について、適用される。

第1に、適用要件の緩和として、以下の改正などが行われている。
・経営承継相続人等の要件について、被相続人の親族であるとの要件の撤廃。
・相続税申告期限後5年間の雇用確保要件について、毎年8割以上雇用から5年間平均で8割以上への改正。

第2に、負担軽減として、以下の改正などが行われている。
・納税猶予期間における利子税率の引下げ。
・納税猶予期間が5年間を超える場合における利子税の免除。
・被相続人の債務・葬式費用を相続税の課税価格から控除する場合における非上場株式等以外の財産の価額からの控除。

第3に、手続の簡素化として、以下の改正などが行われている。
・経済産業大臣の事前確認制度の廃止(2013(平成25)年4月1日から)。
・提出書類の簡素化。

4 贈 与 税

(1) 贈与税の申告期限と申告先

贈与税の申告書の提出期限は、翌年の2月1日から3月15日までである。

贈与税の申告書の提出先は、受贈者（贈与により財産を取得した者）の住所地を所轄する税務署長である。

税務署長による贈与税の更正決定・賦課決定の期限は、法定申告期限から5年間（偽りその他不正行為による場合は7年間）である。

(2) 贈与税の納税義務者

贈与税の納税義務者は、以下の者である。②～④は相続税法の国際的適用範囲の問題でもある。

① 贈与により財産を取得した個人で財産取得時に相続税法の施行法（日本国内）に住所を有する者。

② 贈与により財産を取得した以下の者であって、財産取得時に日本国内に住所を有しない者。

・日本国籍を有する個人（個人または贈与者が贈与前5年以内のいずれかの時に日本国内に住所を有していたことがある場合に限る）。

・日本国籍を有しない者（贈与者が贈与時に日本国内に住所を有していた場合に限る）。

③ 贈与により日本国内にある財産を取得した個人で財産取得時に

日本国内に住所を有しない者（②を除く）。

(3) 贈与税の暦年課税

❶ 概　　要
贈与税の暦年課税の申告義務者は、1年間に贈与により取得した財産の合計額（「**贈与税の課税価格**」）から各種控除の控除後の課税価格に贈与税率を乗じて計算した金額である。

❷ 贈与税の非課税財産
贈与税の課税価格には、「贈与税の非課税財産」は含まれない。たとえば、以下のものである。

・法人からの贈与により取得した財産（贈与税ではなく所得税の対象）。
・扶養義務者相互間において生活費・教育費に充てるためにした贈与により取得した財産のうち通常必要なもの。
・社会上の香典や贈答品などで常識的な範囲内のもの。
・特別障害者扶養信託契約に基づく信託受益権の価額のうち6,000万円または3,000万円までの金額。

❸ 贈与税の基礎控除
贈与税の基礎控除額は、年間110万円である。

❹ 贈与税の配偶者控除
贈与税の暦年課税では、贈与税の基礎控除110万円に加えて、贈与税の配偶者控除として、以下の要件を満たす場合には、贈与された居住用不動産の価額と贈与を受けた金銭で居住用不動産の取得に充てた金額との合計額について、2,000万円までの控除が定められ

ている。
・婚姻期間20年以上の配偶者から贈与を受けたこと。
・贈与を受けた財産は、国内にある居住用不動産または国内にある居住用不動産の取得に充てるための金銭であること。金銭の場合にはその金銭で居住用不動産を取得したこと。
・居住用不動産に現在居住しているまたは贈与を受けた翌年3月15日までに居住する見込みであり、かつ、その後引き続き居住する見込みであること。
・過去に同じ贈与者からの贈与について、この特例の適用を受けたことがないこと。

　贈与税の配偶者控除の適用を受けるためには、贈与税の申告書の提出が必要となる。

❺　贈与税の税率

　高齢者が保有する資産の若年世代への早期移転を促進し、消費拡大を通じた経済活性化を図る観点から、2013（平成25）年相続税法改正により贈与税率の改正が行われ、最高税率を相続税の最高税率にあわせて、高額部分の贈与税率が引き上げられる一方、子や孫等が受贈者となる場合の贈与税の税率構造が緩和される。この改正は、2015年1月1日以降の贈与について適用される。

　贈与税の税率も、相続税の税率と同様に「**超過累進税率**」である。基礎控除110万円のみが控除される場合の贈与税額は表6－7により簡単に計算できる。

表6-7 贈与税の速算表

基礎控除後の課税価格	改正前 税率	改正前 控除額	改正後 一般 税率	改正後 一般 控除額	改正後 直系卑属 税率	改正後 直系卑属 控除額
200万円以下	10%	0万円	10%	0万円	10%	0万円
300万円〃	15%	10万円	15%	10万円	15%	10万円
400万円〃	20%	25万円	20%	25万円		
600万円〃	30%	65万円	30%	65万円	20%	30万円
1,000万円〃	40%	125万円	40%	125万円	30%	90万円
1,500万円〃	(1,000万円超)50%	225万円	45%	175万円	40%	190万円
3,000万円〃	(1,000万円超)50%	225万円	50%	250万円	45%	265万円
4,500万円〃	(1,000万円超)50%	225万円	(3,000万円超)50%	400万円	50%	415万円
4,500万円超	(1,000万円超)50%	225万円	(3,000万円超)50%	400万円	55%	640万円

(出所) 財務省資料

(4) 相続時精算課税適用財産

❶ 相続時精算課税適用者

　相続時精算課税は、「相続時精算課税適用者」となる受贈者(贈与による財産取得者で20歳以上)が**「特定贈与者」**(65歳以上)の直系

卑属である推定相続人である場合に、暦年課税に代わって選択したときに適用される。

相続時精算課税を選択した場合には、その選択にかかる特定贈与者から贈与を受ける財産について、その選択した年分以降すべて相続時精算課税が適用され、暦年課税（基礎控除110万円の利用）に変更できない。

❷ 贈与税の課税価格

相続時精算課税にかかる贈与税の課税価格は、相続時精算課税適用者が特定贈与者ごとに1年間に贈与により取得した財産の価額を合計した額である。

❸ 贈与税の特別控除

特定贈与者ごとの贈与税の課税価格から2,500万円（すでに相続時精算課税の適用を受けて控除した金額がある場合には、その金額を控除した残額）を控除する。

❹ 贈与税の税率

相続時精算課税適用者が1年間に特定贈与者ごとに計算された贈与税の課税価格（特別控除後の金額）にそれぞれ20％を乗じて計算した金額である。

❺ 相続税の取扱い

相続時精算課税適用者が被相続人から取得した相続時精算課税適用財産の価額（相続開始時の価額ではなく贈与時の価額）は、相続・遺贈による取得がどうかを問わず、相続税の課税価格に加算される。

そして、相続税額から相続時精算課税にかかる贈与税の税額に相当する金額を控除する。

❻ 適用手続

相続時精算課税の適用を受けようとする受贈者は、贈与税の申告書の提出期間内に、「**相続時精算課税選択届出書**」を受贈者の住所地の所轄税務署長に提出する必要がある。

❼ 2013（平成25）年度税制改正

2013（平成25）年度税制改正により、2015年1月1日以降の贈与から、相続時精算課税制度の適用要件が緩和される。

具体的には、第1に、受贈者の範囲に、現行の推定相続人に加えて、20歳以上の孫を加える。

第2に、贈与者の年齢要件について、現行の65歳以上から60歳以上に引き下げる。

(5) 生命保険契約・損害保険契約と定期金給付契約

❶ 保険料負担者と保険金受取人が異なる場合

生命保険・生命共済契約または損害保険契約の保険料の全部・一部が保険金受取人以外の者によって負担されたものである場合には、保険金受取人は、保険事故の発生時に、保険料負担者の保険料負担割合相当部分を保険料負担者から贈与により取得したものとみなされる（表6-8）。

生命保険・生命共済契約以外の定期金給付契約の定期金給付事由が発生した場合も同様である。

❷ 保険料負担者と保険金受取人が同じ場合

相続人が保険契約者となって被相続人を被保険者とする保険契約を締結し、保険金受取人となる場合がある（表6-8）。

表6-8 死亡保険金の課税関係

保険契約者 (保険料の負担者)	被保険者 (死亡)	保険金受取人	税金の種類
B	A	B	所得税
A	A	B	相続税
B	A	C	贈与税

　この場合、保険金受取人が受け取る保険金は、所得税の課税対象となる。保険金を一時金で受領する場合には、一時所得となる。一時所得の金額は、「(満期保険金－払込保険料－特別控除50万円)×1／2」である。保険金を年金で受領する場合には、公的年金等以外の雑所得となる。

　被相続人＝贈与者（たとえば親）が相続人＝受贈者（たとえば子）に保険料相当額を生前贈与し、受贈者（子）が保険料を負担し、保険金受取人となる場合には、受贈者（子）が保険料負担者であると認められる必要である。具体的には、毎年の贈与契約書、過去の贈与税申告書、所得税の確定申告等における生命保険料控除の状況やその他贈与の事実を認定できるものなどから、贈与事実が認められる必要がある。

(6) 住宅取得等資金の贈与税の非課税措置

❶ 概　要

　2012（平成24）年1月1日から2014（平成26）年までの間の特例として、住宅取得等資金の贈与税の非課税措置が設けられている。受贈者ごとの贈与税の非課税限度額は、表6-9のとおりである。

表6-9 住宅取得等資金の非課税限度額

```
［2013（平成25）年］ 省エネ等住宅1,200万円 その他住宅700万円
［2014（平成26）年］ 省エネ等住宅1,000万円 その他住宅500万円
```

❷ 非課税措置の要件

住宅取得等資金の贈与税の非課税措置の要件は、以下のとおりである。

・受贈者が贈与者から「**住宅取得等資金**」（自己の居住の用に供する住宅用の家屋の新築・取得または増改築等の対価に充てるために金銭）を取得すること。
・受贈者が贈与時に贈与者の直系卑属であること。
・贈与を受けた年の所得税にかかる合計所得金額が2,000万円以下であること。
・贈与を受けた年において日本国内に住所を有していること。日本国内に住所を有していない場合であっても、贈与を受けた年に日本国籍を有し、かつ、受贈者または贈与者がその贈与前5年以内に日本国内に住所を有したことがあること。
・贈与を受けた年の1月1日において20歳以上であること。
・贈与を受けた年の翌年3月15日までに、住宅取得等資金の全額を充てて住宅用家屋の新築・取得または増改築等をすること。
・新築・取得した家屋または増改築等後の家屋の登記簿上の床面積（マンションなどの区分所有建物の場合は専有部分の床面積）が50㎡以上240㎡以下で、かつ、その家屋の床面積の2分の1以上に相当する部分が受贈者の居住の用に供されるものであること。

- 贈与を受けた年の翌年3月15日までにその家屋に居住することまたは同日後遅滞なくその家屋に居住することが確実であると見込まれること。
- 自己の配偶者・親族などの一定の特別の関係がある人から住宅用家屋の新築・取得または増改築等をしたものではないこと。
- 2011（平成23）年以前の年分において「住宅取得等資金の非課税」の適用を受けたことがないこと。

❸ 他の控除との関係

住宅取得等資金の贈与税の非課税措置の適用後の残額には、暦年課税では基礎控除110万円を適用でき、相続時精算課税では特別控除2,500万円を適用できる。

(7) 教育資金の一括贈与にかかる贈与税の非課税措置

❶ 概　要

高齢者が保有する資産を若年世代に移転させるとともに、教育・人材育成をサポートするために、2013（平成25）年度税制改正により、子や孫に対する教育資金の一括贈与にかかる贈与税について、子・孫ごとに1,500万円まで非課税とする特例措置が創設されている。

2013年4月1日から2015年12月31日までの間に、受贈者（30歳未満の個人）が、「**教育資金**」に充てるため、1つの金融機関等との一定の契約に基づき、受贈者の直系尊属（父母や祖父母など）から、受贈者名義の「**教育資金口座の開設等**」（信託銀行等への信託、銀行等への預入または証券会社等での有価証券購入）をした場合に

は、信託受益権または金銭等の価額のうち1,500万円までの金額相当部分の価額について、贈与税が非課税となる。

受贈者がすでにこの非課税措置を利用している場合には、利用できない。

❷ 「教育資金」

「教育資金」は、第1に、学校等に対して直接支払われる以下のような金銭である。「学校等」とは、保育所・認定こども園、学校（幼稚園・小学校・中学校・高校・中等教育学校・特別支援学校・大学・高等専門学校・専修学校・各種学校）や外国の教育施設（海外日本人学校・私立教育施設や国内のインターナショナルスクール・外国人学校・外国大学日本校・国際連合大学）などである。

・入学金、授業料、入園料、保育料、施設整備費または入学（園）試験の検定料など。
・学用品購入費、修学旅行費や学校給食費など学校等における教育に伴って必要な費用など。

第2に、学校等以外に対して直接支払われる以下のような金銭で社会通念上相当と認められるものである（上限500万円）。

・教育サービス提供対価、施設利用料またはスポーツ・文化芸術活動などにかかる指導への対価など。
・学校等が必要と認めた教育に伴って必要な費用。

❸ 手　　続

非課税措置の適用を受けるためには、受贈者が、教育資金口座の開設等をする金融機関等の営業所等を経由して、信託、預入等または有価証券購入の日までに、「**教育資金非課税申告書**」を受贈者の

納税地の所轄税務署長に提出することが必要である。

　教育資金口座からの払出しと教育資金の支払を行った場合には、教育資金口座の開設等をした金融機関等の営業所等に対し、受贈者の選択した教育資金口座の払出方法に即して定められる以下の提出期限までに、その領収証等を提出する必要がある。受贈者が未成年者の場合には、親権者が手続を行う。

・教育資金を支払った後にその支払金額を教育資金口座から払い出す方法の場合には、領収証等に記載された支払年月日から１年を経過する日。
・その他の払出方法の場合には、領収証等に記載された支払年月日の属する年の翌年３月15日。

❹　教育資金口座契約の終了

　教育資金口座にかかる契約（「**教育資金管理契約**」）は、受贈者が30歳に達した場合、受贈者が死亡した場合または口座残高がゼロになって契約終了の合意があった場合に、終了する。

　受贈者死亡以外の場合には、非課税拠出額から教育資金支出額（学校等以外への支払は500万円を限度）を控除した残高があるときは、その残額が受贈者の終了日に属する年の贈与税の課税価格に算入される。

(8)　事業承継税制による贈与税の納税猶予措置

❶　概　　要

　一定の「**中小企業者**」の後継者である受贈者（「**経営承継受贈者**」）は、贈与により親族（贈与者）から「**非上場株式等**」を取得して中

小企業者の経営をしていく場合には、その経営承継受贈者が納付すべき贈与税のうち、議決権の3分の2に達するまでの非上場株式等の価額に対応する贈与税の納税が猶予される（「**株式等納税猶予税額**」）。

この納税猶予措置の適用を受けた非上場株式等（「**特例受贈非上場株式等**」）は、贈与者の死亡の際、経営承継受贈者が贈与者から相続・遺贈により取得したものとみなされて相続税の課税対象とされ、そのときに株式等納税猶予税額は免除される。

❷ 納税猶予措置を受けるための要件

贈与税にかかる納税猶予措置を受けるための要件として、会社の要件、贈与者の要件および経営承継受贈者の要件がある。

第1に、会社の要件については、相続税にかかる納税猶予措置と同じである。

第2に、贈与者の要件は、以下の要件である。

・会社の代表者であったこと。
・贈与直前に贈与者とその親族等の特別関係者が過半数の議決権数を保有し、経営承継受贈者を除くこれらの者の中で贈与者が筆頭株主であったこと。
・贈与直前に会社の代表者でなかった場合には代表権を有していたいずれかの日において上記の保有状況であったこと。
・贈与時に会社の役員でないこと［相続税にはない要件］。

第3に、経営承継受贈者の要件は、以下の要件である。

・特例受贈非上場株式等にかかる会社1社につき1人であること。
・贈与時に20歳以上であること［相続税にはない要件］。

・贈与時に贈与者の親族であること。
・贈与時に会社の代表者であること。
・贈与時に経営承継受贈者とその親族等の特別関係者が過半数の議決権数を保有し、これらの者の中で経営承継受贈者が筆頭株主であること。
・贈与時から申告期限まで引き続き特例受贈非上場株式等のすべてを保有していること。

❸ 納税猶予措置を受けるための手続

納税猶予措置を受けるための手続は、贈与税の申告書を申告期限内に提出するとともに、株式等納税猶予税額と利子税に見合う担保を提供する必要がある。特例受贈非上場株式等のすべてを担保として提供した場合には、見合う担保の提供があったものとみなされる。

❹ 納税猶予措置を受け続けるための手続・要件

納税猶予措置を受け続けるための手続として、贈与税申告期限後5年間は毎年、贈与税申告期限後5年間経過後は3年ごとに、「**継続届出書**」を提出する必要がある。

贈与税の納税猶予措置を継続するための要件は、相続税の納税猶予措置を継続するために要件と同様である。

❺ 猶予税額の免除

贈与者または経営承継受贈者が死亡した場合には、株式等納税猶予税額の全額が免除される。

また、贈与税申告期限5年経過後は、以下の場合に、株式等納税猶予税額の一部が免除される。

- 経営承継受贈者が特例受贈非上場株式等の全部を親族等の特別関係者以外の者に譲渡・贈与したなどの場合。
- 会社について破産手続開始決定または特別清算開始命令があった場合。

❻ 2013（平成25）年度税制改正

より多くの中小企業経営者が安心して制度を活用できるよう、2013（平成25）年度税制改正により、制度の使い勝手を高める改正が行われている。2015年1月1日以後に贈与により取得する財産にかかる贈与税について、適用される。

相続税の納税猶予措置にかかる適用要件緩和・負担軽減・手続簡素化と共通の措置のほか、贈与税の納税猶予措置にかかる適用要件緩和として、贈与時に会社の役員でないとする要件について、贈与時に会社の代表者でないとの要件に改正されている。

5 国外財産調書制度

(1) 国外財産調書制度の概要

居住者は、その年の12月31日において価額合計額が5,000万円を超える「**国外財産**」（国外にある財産）を有するには、その財産の種類・数量・価額その他必要な事項を定めた「**国外財産調書**」を、翌年3月15日までに、所轄税務署長に提出しなければならない。

国外財産調書制度は、適切な課税・徴収の確保の観点から、国税

当局が国外財産に関する情報を的確に把握できるようにするため、2012（平成24）年度税制改正に基づく**「内国税の適正な課税の確保を図るための国外送金等に係る調書の提出等に係る法律」**の改正により、創設された制度である。

2014（平成26）年1月1日以後に提出するべき国外財産調書から適用されることから、2013（平成25）年12月31日において有する国外財産について、2014年3月17日（3月15日は土曜日）までに提出するべき国外財産調査が初回となる。

所得税法に基づく確定申告義務がない居住者であっても、毎年末に5,000万円超の国外財産を保有していれば、国外財産調書の提出義務がある。

(2)　「居住者」

❶　「居住者」

国外財産調査制度の適用対象者は「居住者」である。所得税法に規定する「居住者」であり、「非永住者」が除かれる。

所得税法に規定する「居住者」とは、国内に住所を有し、または現在まで引き続いて1年以上の居所を有する者をいう。「非永住者」とは、居住者のうち、日本国籍を有しておらず、かつ、過去10年以内において国内に住所または居所を有していた期間の合計が5年以下である個人をいう。

❷　「国内に住所を有する者」

「住所」とは各人の生活の本拠であり、生活の本拠があるかどうかは客観的事実によって判定される。

国内に居住することとなった個人が以下のいずれかに該当する場合には、国内に住所を有する者と推定される（所得税法3条2項、所得税法施行令14条1項）。
・その者が国内において、継続して1年以上居住することを通常必要とする職業を有すること。
・その者が日本国籍を有し、かつ、その者が国内において生計を一にする配偶者その他の親族を有することその他国内におけるその者の職業および資産の有無等の状況に照らし、その者が国内において継続して1年以上居住するものと推測するに足りる事実があること。

　一方、国外に居住することとなった個人が以下のいずれかに該当する場合には、国内に住所を有しない者と推定される（所得税法施行令15条1項）。
・その者が国外において、継続して1年以上居住することを通常必要とする職業を有すること。
・その者が外国国籍を有しまたは外国法令によりその外国に永住する許可を受けており、かつ、その者が国内において生計を一にする配偶者その他の親族を有しないことその他国内におけるその者の職業および資産の有無等の状況に照らし、その者が再び国内に帰り、主として国内に居住するものと推測するに足りる事実がないこと。

　国外に居所を有していた者が国外に赴き再入国した場合において、在外期間中、国内に、配偶者その他生計を一にする親族を残し、再入国後起居する予定の家屋・ホテルの一室等を保有し、また

は生活用動産を預託している事実があるなど、明らかにその国外に赴いた目的が一時的なものであると認められるときは、その在外期間中も引き続き国内に居住を有するものとされている。

(3) 「国外財産」

❶ 国外財産の「国外」性

財産の所在場所については、基本的に相続税法10条の規定によるものとされ、たとえば、以下の場所により判定される。
・動産・不動産：その所在地
・金融機関に対する預金等：預金等の受入れをした営業所・事務所の所在地
・保険金：保険契約等にかかる保険会社等の本店・主たる事務所の所在地
・貸付金債権：債務者の住所または本店・主たる事務所の所在地
・株式・社債：発行法人の本店・主たる事務所の所在地
・集団投資信託：信託の引受けをした営業所・事務所の所在地
・組合契約・匿名組合契約その他これらに類する契約に基づく出資：これらの契約に基づいて事業を行う主たる事務所・事業所等の所在地
・信託に関する権利：信託の引受けをした営業所・事務所等の所在地

2013（平成25）年度税制改正により、対象となる国外財産について、国外にある金融機関の営業所等に設けられた口座において管理されている国内有価証券（国内法人等が発行した株式・公社債その他

の有価証券）が追加される一方、国内にある金融機関の営業所等に設けられた口座において管理されている外国有価証券（外国法人等が発行した株式・公社債その他の有価証券）が除外されている。

❷ **国外財産の価額**

国外財産の価額については、その年の12月31日における「時価」または時価に準ずる「見積価額」により、評価される。

6 国際的な租税情報交換の枠組み

(1) 概　要

日本の国税庁を含む世界の税務当局の間には、租税に関する情報交換と徴収協力の枠組みが構築されていることに留意する必要がある。

(2) 2国間の租税情報交換の枠組み

2国間の「**租税条約**」（所得に対する租税に関する二重課税の回避および脱税の防止のための日本と相手国との間の条約）や「**租税情報交換協定**」により、租税に関する情報交換の枠組みが定められている。

最近では、日本と「**タックスヘイブン**」の国・地域との間の租税協定や租税情報交換協定の締結に積極的に取り組まれている。たと

えば、マン島（2011年8月発効）、ケイマン諸島（2011年10月発効）、ルクセンブルク大公国（2011年12月改正発効）、リヒテンシュタイン公国（2012年11月発効）、英領ヴァージン諸島（2013年4月基本合意）、ガーンジー（2013年7月発効）やジャージー（2013年8月発効）などである。

(3) 多国間の租税情報交換・執行共助の枠組み

2013（平成25）年6月には、国際的な脱税と租税回避行為に対処することを目的として、各国の税務当局間における租税に関する情報交換・徴収共助・送達共助の枠組みについて定める多国間条約である「租税に関する相互行政支援に関する条約」（**税務行政執行共助条約**）の締結について、国会で承認されている（2013年10月発効）。

(4) タックスヘイブン所在の事業体に関する情報

国税庁は、2013（平成25）年5月、オーストラリア国税庁から、オフショア所在の事業体（法人・信託等）に関する大量の情報のうち、日本の納税者関連情報の提供を受けたと発表した。国外財産調書の提出義務者等の把握の端緒となると見込まれている。

OECD税務長官会議最終声明（2013年5月）では、「脱税者及びこれを手助けしている者に対するメッセージはシンプルである。どれほど必死に隠そうとしようが、我々は必ず見つけ出す」とされている。

(5) 海外資産関連事案の相続税調査

国税庁「平成24事務年度における相続税の調査の状況について」(2013(平成25)年11月)では、租税条約等に基づく情報交換制度を効果的に活用するなど、海外資産の把握に努めているとされている。

そして、国税庁は、海外資産関連事案については、平成25事務年度(2013年7月～2014(平成26)年6月)においても積極的に調査を実施する方針である。

海外資産関連事案とは、①相続・遺贈による取得財産のうち海外資産の存するもの、②相続人・受遺者・被相続人が日本国外に居住する者であるもの、③海外資産等に関する資料情報があるもの、または④外資系金融機関との取引のあるもののいずれかに該当する事案である。

7 富裕層ビジネスと財産・資産のリスク管理

(1) 富裕層ビジネスと PB ビジネス

富裕層ビジネスが注目されている[3]。金融界では「**プライベート**

---

3 「富裕層のカネと知恵」『週刊ダイヤモンド』2012年10月20日号や「動き出した富裕層」『週刊東洋経済』2013年6月1日号参照。

バンキング（PB）」である[4]。金融庁「主要行等向けの総合的な監督指針」では、「近年、一定規模以上の資産等を有する顧客層（いわゆる富裕層顧客）を特定し、一般的にプライベートバンキングやウェルス・マネジメントなどと呼ばれる、財産管理や資産運用のサービス及び金融商品などを複合的に提供する業務の立上げや推進が活発に行われている」と指摘されている。

(2) 富裕層

「富裕層」の定義は、世界的には、金融資産100万ドル（1億円程度）以上であり、日本は米国に次ぐ世界第2位の人数であるが、金融資産1億ドル（100億円程度）以上の「超富裕層」は非常に少ないと指摘されている。

野村総合研究所では、純金融資産（金融資産（実物資産以外の資産）から負債を引いた額）1億円以上〜5億円未満を「富裕層」（76万世帯と推計）、純金融資産5億円以上を「超富裕層」（5万世帯と推計）と定義している。超富裕層の中核はオーナー経営者（元オーナー経営者を含む）であろう。

(3) 富裕層のセグメント

PBビジネスでは、グローバル志向で資産運用に関心の高い「超富裕層」であるオーナー経営者がターゲットとされることが多いようである。しかし、日本では、こうした超富裕層顧客は増加しつつ

---

[4] 野村総合研究所・宮本弘之＝米村敏康『プライベートバンキング戦略』（東洋経済新報社、2013）参照。

あるが、その数は依然として少ないであろう。

『日経ビジネス』の記事[5]によると、日本の富裕層の中核は、①特定ジャンルの中小企業経営者（人口約60万人、富裕層に占める割合33.6％）、②特定専門診療科の開業医の一部（約18万人、9.5％）、③地主（約13万人、7.1％）という。そして、日本の富裕層の特徴として、①カネ持ち歴が浅い、②目立ちたがらない、③忙しい、④資産を換金しにくい、があげられている。そして、富裕層の関心事は、「教育」「絆」「健康」であると指摘されている。

まとめると、日本の富裕層の多数を占めるであろう伝統的富裕層は、仕事中心、堅実な生活態度、保守的な資産運用（資産防衛重視）や子供への資産・事業の承継重視[6]などを特徴とするといえる。

(4) PBビジネスの本質

富裕層ビジネスの本質は、顧客の人生のリスク管理を支援するビジネスである。いわば名家における「執事」のような存在であることが求められる。PBビジネスの本質は、そのうち顧客の財産・資産のリスク管理を支援することである。

PBビジネスは本来、顧客と中長期的な「**関係（リレーションシップ）**」を構築・強化して、顧客の「**信頼**」を確保し、そうした信頼関係を通じて、顧客から様々な取引やアドバイスを求められ、その

---

5 「富裕層の正体―彼らが消費をやめた理由」『日経ビジネス』2012年12月10日号。
6 「あなたを襲う相続税　相続・贈与　葬儀・墓　事業承継」『週刊東洋経済』2012年6月30日号や「完全対策　事業承継」『週刊ダイヤモンド』2013年11月9日号参照。

結果として収益をあげるべきものである。

この点については、金融庁監督指針においても、「顧客の長期的な資産運用・財産形成に係る取引や助言等を適切に行い、健全な取引関係を維持し、適正な収益・営業目標の設定と業務運営の適切性・妥当性を確保する」ことが求められている。

(5) PBビジネスのビジネスモデルと課題

PBの資産運用ビジネスの収益は、取引ベースの手数料体系では短期的な利益志向の「回転売買」や乗り換え取引の提案を行うインセンティブが出てくることから、本来は資産残高ベースの手数料体系によることが望ましい。

この点については、金融庁監督指針においても、利用者保護の観点から、「営業部員や役職員の給与・賞与体系が、短期的な収益獲得に過度に連動し、成果主義に偏重していないか。また、手数料収益の獲得に傾注した外国為替、投資信託、その他の有価証券等の乗り換え取引・回転売買、並びに、デリバティブが内包された預金取引や仕組み債、レバレッジ効果を有する金融取引などの勧誘・販売に不適正に注力した営業体制や商品構成になっていない」ことが求められている。

しかし、日本では、顧客に、資産残高ベースの手数料体系に対する抵抗感があるようである。そうすると、日本では、金融機関がPBの資産運用ビジネスから短期的に収益をあげることは容易ではないことになる。そのため、一部の外資系金融機関において、PBビジネスへの参入・強化・撤退の繰り返しがみられるのであろう。

しかし、PBビジネスは持続的に行わないと、顧客の「信頼」を勝ち得ない。この点では、日系金融機関に強みがあるように思われる。

　結局、PBビジネスのビジネスモデルは、大きくは、①グローバル志向で資産運用に関心の高い超富裕層であるオーナー経営者を対象として、資産運用サービスを効率的に提供する「特化戦略」と、②超富裕層のみならず富裕層も対象として、資産運用サービスのみならず事業承継対策や相続対策などの幅広いサービスを提供する「総合戦略」に区分できる。日本における外資系金融機関は主として①の特化戦略、日系金融機関は主として②の総合戦略をとるのではないかと思われる。

　富裕層顧客の金融機関をみる目線は厳しい。いずれの戦略においても、金融機関が顧客の信頼を得るためには、富裕層顧客を担当する**「プライベートバンカー」**がプロフェッショナルとして定着して、短期的な収益志向に走ることなく、PBサービスを顧客に持続的に提供する態勢を構築することが重要となる。

　このような観点から、公益社団法人日本証券アナリスト協会が2013（平成25）年に**「プライベートバンキング（PB）教育プログラム」**（4段階のプライベートバンカー資格試験と継続教育制度）を開始したことは、歓迎される。しかし、PBビジネスが単に「流行っているから」「利益があがるから」といった理由で速成されたプライベートバンカーが「人事異動でその仕事に異動したから」といった意識でPBビジネスに取り組んでいるようでは、本格的なPBビジネスにはならないであろう。

(6) PBビジネスとマネー・ローンダリング対策

❶ 犯罪収益移転防止法

　国際的にマネー・ローンダリング（資金洗浄）とテロ資金対策が強化されており、国際組織である「**金融活動作業部会（FATF）**」が国際基準として「**40の勧告**」などを策定している（最新の第4次勧告は2012年2月版）。

　日本のマネー・ローンダリング（資金洗浄）とテロ資金対策の枠組みは、警察庁が主に所管する「**犯罪収益移転防止法**」（犯罪による収益の移転防止に関する法律）、財務省が主に所管する「**外国為替及び外国貿易法**」と法務省が主に所管する「**組織犯罪処罰法**」（組織的な犯罪の処罰及び犯罪収益の規制等に関する法律）において、定められている。

　犯罪収益移転防止法は、金融機関などの本人確認義務、取引記録の保存義務や疑わしい取引の届出義務などを課している。

❷ リスクベース・アプローチ

　FATFの「40の勧告」のうちの「**勧告10（顧客管理措置）**」は、「リスクベース・アプローチ」に基づく顧客管理措置を求めている。

　リスクベース・アプローチは、金融機関などが顧客と取引のリスク評価に応じて顧客管理を行うものである。犯罪収益移転防止法は、リスクベース・アプローチを定めていない。

　犯罪収益移転防止法は、2011（平成23）年4月に成立した改止法が2013（平成25）年4月に本格実施されたばかりであるが、リスクベース・アプローチの導入など、「40の勧告」のうち日本で実施に

不備がある事項について改正するため、**警察庁刑事局組織犯罪対策部**に設置されている「マネー・ローンダリング対策等に関する懇談会」における議論をふまえて、2014（平成26）年の通常国会に改正法案の提出が目指されている。

❸ 高リスク取引としてのPBビジネス

FATFの勧告10の解釈ノートでは、PBは高リスク取引としてあげられている。FATFは、日本に対し、リスクの高い分野の顧客・取引に対する厳格な顧客管理について、非居住者である顧客やPBなどが厳格な顧客管理措置の対象となっていないと指摘している。

したがって、金融機関などは、PB顧客について、追加情報の取得、上級管理者の承認や厳格なモニタリングなど、厳格な顧客管理を行うことを求められる。

(7) 米国FATCA

❶ 米国FATCAの概要

米国では、2010年3月に「**外国口座税務コンプライアンス法（FATCA）**」が成立した[7]。FATCAは、米国の市民・居住者が米国国外（オフショア）に資産保有することにより米国の納税義務を免れることを防止することを目的とする。

FATCAは、外国金融機関（FFI）に対し、米国の市民・居住者の口座保有者（米国口座保有者）に関する情報を米国の連邦税務当

---

[7] 米国FATCAについては、アメリカのサリヴァンアンドクロムウェル法律事務所のメモランダムによる。

局である財務省内国歳入庁（IRS）に提供する旨の契約を締結するよう求め、FFIが遵守しない場合（IRSと契約を締結しない場合など）には、FFIへの米国源泉徴収可能支払に30％の源泉徴収義務を課すことなどを内容とする。

外国金融機関には、預金取扱金融機関のみならず、資産管理事業体、投資事業体や保険会社も含まれる。日本の金融機関がPBビジネスとして米国口座を取り扱っている場合、FACTAの対象となる。

❷ FATCAの実施時期

FATCAの実施時期（特に源泉徴収義務）は、2013年1月以降に行われる支払とされていたが、その後2回にわたって延期され、現在では2014年7月以降に行われる支払とされている。

❸ 日米政府間協力の枠組み

日本の財務省・国税庁・金融庁と米国の財務省・IRSは、2012年6月21日に、「FATCA実施円滑化と国際的税務コンプライアンス向上のための政府間協力枠組みに関する日米当局共同声明」を発表した。2013年6月11日には、詳細を定める日米当局間の相互協力・理解に関する声明が発表された。

第1に、日本の金融機関（FFI）は、協力枠組みのもとでIRSに登録すれば、IRSとの間で個別に包括的FFI契約を結ぶ必要がなくなる。

第2に、日本の金融機関（FFI）は、米国口座を特定するためにFACTA規則に則ってデュー・デリジェンスを実施し、米国口座保有者から同意を得られた場合に口座情報を直接IRSに毎年報告

し、非協力口座の総数・総額を IRS に毎年報告する。

　第3に、米国当局は日本当局に対し特定の非協力口座に関する追加情報を求めることができ、日本当局は、要請された情報を特定された日本の金融機関から入手し、日米租税条約に基づき米国当局に対し提供する。

❹ 米国当局への日本当局への協力

　日米当局共同声明において注目されるのは、「日本は FATCA の基本的な目的に賛同しており、……米国は、日本の居住者が米国金融機関に保有する口座についての情報を既存の所得に関する租税条約に基づき収集し交換することにより、進んで日本と協力することを確認する」とされていることである。

　FATCA（日本から米国への情報提供）とは逆方向の協力（米国から日本への情報提供）を定めるものであり、相互主義の考え方に基づくものである。日本の居住者が米国金融機関に保有する PB 口座は対象となる。

8　体験的「人生のリスク管理」相続・贈与編

(1) 相続・贈与の考え方

　人が、自分の家族（配偶者や子など）に対し、「自分の死後に財産を遺したい」「自分の財産を譲りたい」と思うことは、自然なこと

である。

　確かに「格差の固定化の防止」の視点は重要である。しかし、相続税の基礎控除の大幅縮小や相続税・贈与税の最高税率の50％超は、行き過ぎである。

(2)　相続・贈与の勉強法

　私の相続・贈与の勉強法は、法律家らしく法令の条文、法律書（民法や税法）や判例解説などを通じて、制度の勉強をするほか、日本経済新聞の解説記事、『週刊東洋経済』の特集[8]や『週刊ダイヤモンド』の特集[9]などを通じて、実践的な勉強をすることである。金融機関の担当者から説明を受けることもある。

(3)　相続税対策

　相続税対策は、その人の資産構成（不動産や金融資産など）によって異なるものであり、どのような対策が有効かは一概にいえない。

　個人的には、生命保険の活用や実需による不動産取得が有効であると考えている。これに対し、借入金による投資マンションやアパート経営などの不動産投資の有効性には、疑問がある。

8　「相続・贈与から税務署対策まで　1億人の税」『週刊東洋経済』2013年3月16日号参照。
9　「相続税対策の落とし穴」『週刊ダイヤモンド』2013年8月10日号　17日号参照。

(4) 海外投資・海外移住

最近、海外投資・海外移住が注目されている[10]。海外移住の目的は、「教育移住」「介護移住」「仕事移住」など、多様化しているようであるが、ここでは「**資産流出**」や「**資産フライト**」目的のものを指す[11]。

経済のグローバル化が進展しているが、主権国家による国境は厳然と存在している。日本のパスポートには、日本国外務大臣による「日本国民である本旅券の所持人を通路故障なく旅行させ、かつ、同人に必要な保護扶助を与えられるよう、関係の諸官に要請する」との文言が記載されている。日本国籍の者の保護は、あくまでも日本国政府が外国政府に「要請」しているにとどまる。

しかも、外国には「**カントリーリスク**」がある。私は、大蔵省国際局在籍時に、1997（平成 9）年 7 月にタイを震源地として発生した「**アジア通貨危機**」への対応に関与していた。現在は移住先・投資先として注目されているマレーシアは、1998（平成10）年 9 月に資本流出規制を導入した。また、現在の香港は、中国の政治的影響を受けやすいものと推察される。カントリーリスクが現実化すると、その国に持ち込んだ金融資産を日本に戻すことは難しくなる可能性がある。

---

10 「海外移住＆投資　『脱ニッポン』という選択」『週刊東洋経済』2013年 2 月 9 日号参照。
11 「日本を見捨てる富裕層」『週刊ダイヤモンド』2011年10月 8 日号や「金持ち投資　貧乏投資」『週刊エコノミスト』2013年 8 月27日号参照。

富裕層は、人口減少・超高齢化が進むにもかかわらず、問題の先送りを続ける日本政府の政策を信用せずに、海外へ分散投資をしていると指摘されている。確かに大衆民主主義社会のもとで少数派の富裕層が「**資産防衛**」を考えることは、理解できるところもある。しかし、資産流出には別のリスクも伴うことから、慎重な「リスク管理」が不可欠である。仮に海外移住を考えるならば、英語圏の先進国かつ自由・民主主義国であるカナダやオーストラリアなどが安全であろう。

■おわりに

「人生のリスク管理」に「正解」はない。一人ひとりが自らの生活・仕事・家族などの人生に即して考える必要がある。しかも、事前にリスク管理を試みても、時代環境の変化とともに、古くなってしまうという問題がある。

こうした限界のもとで、現時点における私の失敗を含む体験的「人生のリスク管理」から得られた教訓の柱をあげると、保守的かつ平凡なものにすぎないが、以下のように現実的な教訓である。ただし、私がこれらの教訓をすべて実践できているわけではない。

① **健　　康**
・「健康」に気をつけること。

② **勉強・学習**
・若いうちにできるだけ「努力」して相応の「学歴」を得ておくこと。
・「国家資格」は「ない」より「ある」ほうがいいこと。
・できるだけ「英語」をできるようにすること。
・「好奇心」と「向上心」をもって「生涯」を通じて「学習」をすること。

③ **仕　　事**
・就職して「雇われる者」になる場合には、できるだけ新卒時に「正規雇用」になること[1]。
・非正規の場合には、できるだけスキルが身につく「職人」的仕事を続けること。

- 「仕事」を地道に一生懸命にすること。そうすれば誰かの役に立ち、何らかの「社会貢献」をできること。
- 最初から「自己実現」や「やりたいこと」を考えすぎず、また、「自己分析」を行いすぎず、「自分はこうだ」と決めつけないこと。仕事などを通じて自分の好きな「専門分野」を見つけるようにすること。
- 組織における「出世」自体を目的とするのではなく、日頃の仕事への取組みを通じて結果的に「出世」して、仕事の幅を広げるようにすること。
- 転職は安易にしないこと。特に40歳以上の転職は慎重に考えること。しかし、よく考えて転職を決めた場合には躊躇しないこと。

④ お　　金

- 「お金」は大事であり、大切にすること。しかし、お金はすべてではないこと。
- 若いうちから少しずつ「貯蓄」すること。安全なのは銀行預金や日本国債。「投資」は時に楽しいが、慎重に余裕資金で行い、「一攫千金」を狙わないこと。
- 結婚してもできるだけ「共働き」をして「リスク分散」するこ

1　若手社会学者の古市憲寿氏の『僕たちの前途』（講談社、2012）では、冷静に、「統計的に見れば終身雇用は崩壊したとは言えないし、年功序列も残っている。転職は少しも一般化していない」「相変わらず『雇われて働く』ことが一般的であり続けた。日本社会において起業するメリットは必ずしも大きくない」「学歴が果たす役割は、かつて以上に強まっているとも言える」「仕事と勉強は似ている」「『いい学校　いい会社』ルート以外で『成功』する道は、結局のところ非常に限られている」といった現実的な指摘がされている。

おわりに　225

と。

⑤　人間関係

・できるだけ他人と比べないようにすること。
・他人を簡単に信用してあてにしないこと。しかし、信頼できる「仲間」や「人的ネットワーク」を大切にすること。
・できるだけ政府や組織をあてにしないこと(「自助」)。しかし、困ったときは遠慮なくあてにすること(「共助」「公助」)。

⑥　危機管理

・大地震・大津波・原発事故などの危機の発生可能性を想定すること。

■ 著者略歴 ■

松尾　直彦（まつお　なおひこ）

弁護士・ニューヨーク州弁護士（西村あさひ法律事務所）
東京大学大学院法学政治学研究科客員教授

1963年	岡山県生まれ
1981年	灘高校卒業
1985年	司法試験合格・国家公務員Ⅰ種試験合格
1986年	東京大学法学部卒業
1989年	ハーバード大学ロースクール修了（LL. M.）
1990年	米国ニューヨーク州弁護士登録
1996年	最高裁判所司法研修所修了（第48期）
1986年–2001年	大蔵省（現財務省）など（銀行局、内閣官房、仙台国税局花巻税務署長、大臣官房課長補佐、国際局課長補佐（総括））
2001年–2002年	金融庁総務企画局政策課課長補佐（総括）
2002年–2005年	金融庁総務企画局国際課企画官
	（2002年–2003年証券取引等監視委員会市場分析審査室長兼務）
2005年–2006年	金融庁総務企画局市場課投資サービス法（仮称）法令準備室長兼政策課法務室長
2006年–2007年	金融庁総務企画局市場課金融商品取引法令準備室長兼政策課法務室長
2007年–2008年	東京大学公共政策大学院客員教授
2008年–	東京大学大学院法学政治学研究科客員教授
2009年–	弁護士（西村あさひ法律事務所）

[主要著書]

『アメリカ金融機関法』（木鐸社、1994年）（共訳）

『アメリカ金融制度の新潮流』（金融財政事情研究会、1996年）

『一問一答　金融商品取引法』（商事法務、2006年（改訂版、2008年））（編著）

『実務論点　金融商品取引法』（金融財政事情研究会、2008年）（共編著）

『金商法実務ケースブックⅠ　判例編』（商事法務、2008年）（共編著）

『金商法実務ケースブックⅡ　行政編』（商事法務、2008年）（共編著）

『金融商品取引法セミナー　公開買付け・大量保有報告編』（有斐閣、2010年）（共著）

『Q&A アメリカ金融改革法―ドッド＝フランク法のすべて』（金融財政事情研究会、2010年）

『金融商品取引法コンメンタール 4―不公正取引規制・課徴金・罰則』（商事法務、2011年）（共編著）

『金融商品取引法セミナー　開示制度・不公正取引・業規制編』（有斐閣、2011年）（共著）

『最新インサイダー取引規制―平成25年改正金商法のポイント』（金融財政事情研究会、2013）

『第二種金融商品取引業　実務必携』（第二種金融商品取引業協会、2013）

KINZAI バリュー叢書
人生のリスク管理

平成26年2月28日　第1刷発行

著　者　松　尾　直　彦
発行者　倉　田　　　勲
印刷所　株式会社日本制作センター

〒160-8520　東京都新宿区南元町19
発　行　所　一般社団法人 金融財政事情研究会
編　集　部　TEL 03(3355)2251　FAX 03(3357)7416
販　　　売　株式会社きんざい
販売受付　TEL 03(3358)2891　FAX 03(3358)0037
　　　　　URL http://www.kinzai.jp/

・本書の内容の一部あるいは全部を無断で複写・複製・転訳載すること、および磁気または光記録媒体、コンピュータネットワーク上等へ入力することは、法律で認められた場合を除き、著作者および出版社の権利の侵害となります。
・落丁・乱丁本はお取替えいたします。定価はカバーに表示してあります。

ISBN978-4-322-12431-6